AF450692

DISSERTATION

SUR LES USEMENS

DES DOMAINES CONGÉABLES

DANS LES CANTONS

DE CORNOAILLES, BROUEREC,

ET TREGUIER ET GOELLO.

Par M. DESNOS l'aîné, ancien Avocat.

A PARIS,

Chez N. H. NYON, Imprimeur, rue Mignon
Quartier Saint André-des-Arts.

1791.

DISSERTATION

Sur les Usemens des Domaines congéables dans les Cantons de CORNOUAILLES, BROUEREC, & TREGUIER ET GOELLO.

La question qui s'est élevée sur la tenure à domaine congéable, usitée dans une partie de la ci-devant Province de Bretagne, n'a pu être agitée sans parler de l'origine du domaine congéable & de celle des Usemens qui en contiennent les loix.

Dans le principe, les partisans des Domaniers prétendoient que le Domaine congéable dérivoit de la féodalité dont il étoit une espéce anomale.

On leur a fait voir qu'il ne pouvoit être né de la féodalité ; puisque son origine remonte au quatriéme ou au cinquiéme siécle, & que des titres & des canons prouvent qu'il étoit usité avant le neuviéme ; que les fiefs ont toujours été héréditaires en Bretagne dès leur introduction, & que, leur hérédité ne s'étant établie qu'à la fin du dixiéme siécle, ils n'ont commencé d'exister en cette Province que long-temps après le Domaine congéable.

Cette vérité est maintenant reconnue par l'Auteur de l'*Elixir du Regime féodal* ; (1) il seroit donc superflu d'en donner de nouvelles preuves. Mais elle fournit une conséquence importante.

Le Domaine congéable n'étant point une émanation de la féodalité, puisqu'il *est antérieur au fief*, on ne

___

(1) « ... il (le domaine congéable) ne sera pas féodal, d'autant mieux qu'il est *antérieur au fief.* » *Réflexions sur les Domaines congéables,* page 26.

peut lui appliquer le Décret de l'Assemblée Nationale qui a aboli les fiefs.

On ne peut aussi supposer que le Domaine congéable a servi de passage de la servitude complette à la simple féodalité, puisqu'il n'a jamais eu lieu que dans une partie de la ci-devant basse-Bretagne, & qu'il a toujours été inconnu dans le reste de la France, où les fiefs s'étoient répandus avant de passer en Bretagne. Il est donc entièrement étranger à la féodalité dont il ne descend point & à laquelle il ne conduit pas davantage.

Ceux qui, attaquant la tenure convenantière, essayent de dépouiller la majeure partie des propriétaires de la ci-devant basse-Bretagne, présentent sous un jour odieux les Usemens qui régissent les quatre grands territoires où ce contrat est en vigueur. Cette opinion paroît avoir fait impression sur diverses personnes qui n'ont jamais lu le véritable texte de ces Usemens. La justice n'exige-t-elle pas cependant qu'on suspende son jugement sur l'abolition d'une Loi jusqu'à ce qu'on l'ait vue & examinée ?

Il est vrai qu'il a été inséré quelques lambeaux des Usemens dans *l'Elixir du Régime féodal*, & qu'ils ont été présentés comme formant le corps de ces Coutumes particulières.

Mais si l'on consulte le véritable texte, on voit qu'il a été tronqué, mutilé, défiguré par des omissions, des retranchemens, des substitutions de termes qui présentent des idées différentes; en un mot que l'Auteur de l'Elixir a plutôt créé des Loix qu'il ne les a transcrites.

Cependant il s'est offensé de ce qu'on lui a reproché ses changemens. Ces reproches sont, dit-il, autant de calomnies, d'impostures, de mensonges impudens. Il défie de prouver par le seul texte des Usemens qu'il les ait altérés.

Il est juste de lui donner cette satisfaction & de faire connoître, aux personnes que ses déclamations auroient pu induire en erreur, le véritable texte de ces Usemens qui ne doivent pas être proscrits aveuglément. Si l'on veut les supprimer, parce qu'il ne doit plus exister de loix particuliéres, toutes les Coutumes du Royaume doivent subir le même sort, & il n'y aura plus qu'une loi générale. Sous ce point de vue on est bien éloigné de combattre l'abolition des Usemens.

Mais en provoquer l'anéantissement sous prétexte qu'ils sont des restes de la servitude & de la féodalité, & que leurs dispositions sont barbares ; vouloir, sous cette fausse supposition, envelopper dans la même proscription la propriété d'un nombre considérable de Citoyens, c'est une injustice contre laquelle on ne peut trop fortement réclamer.

C'est donc principalement pour démontrer la fausseté de ces reproches, pour prouver les altérations commises par l'Auteur de l'Elixir, & pour répondre à ses défis géminés qu'on s'est déterminé à faire imprimer les Usemens.

NOTIONS SUR L'ORIGINE DES USEMENS DE LA CI-DEVANT PROVINCE DE BRETAGNE.

Les mots *Us*, *Usances*, *Usemens* sont synonimes. Ils signifient tous des Coutumes locales & particuliéres. Les Jurisconsultes les définissent, *la maniére ordinaire d'agir qui a passé en force de Loi.* « Ainsi tout » usement quelconque réside essentiellement dans » l'habitude immémoriale & universelle de suivre » telle pratique, de s'en faire des regles invariables. » *Nota est consuetudinis significatio pro moribus, uni-* » *versali populi cujusque consensu, per lapsum diuturni* » *temporis, inductis & usum ; vis ejus est universum*

» *populum tenere , poſtquam inducta eſt.* (1)»

Les Uſemens ont eu la même origine que les Coutumes : les uns & les autres étoient, dans le principe, des uſages non écrits, formés par les conventions que les habitans d'un canton avoient accoutumé de paſſer entr'eux.

Lorſque les parties n'étoient pas d'accord , que l'une ſoutenoit un uſage , & que l'autre le conteſtoit, on avoit recours aux Hommes de Loi du pays, dont le témoignage étoit d'un grand poids. On les appelloit *Coutumiers* du même nom qu'on donne aujourd'hui aux Coutumes rédigées , parce qu'alors les Coutumes n'étant point écrites , elles ne ſe conſervoient que dans la tradition de ces Hommes de Loi.

Ils en dépoſoient , comme les témoins d'un fait , dans les *enquêtes par Turbes* , dont l'uſage a duré, même après les rédactions par écrit & les réformations des Coutumes , juſqu'à ce qu'il ait été abrogé par l'Ordonnance de 1667.

Telle a été l'origine des *Uſemens* ou *Uſances locales* de la ci-devant Province de Bretagne. Ces Uſemens ont différens objets. Ceux des Villes concernent principalement les ſervitudes des maiſons, la mitoyenneté des murs, les vues & fenêtres, les égoûts, les actions perſonnelles & mobiliaires , &c. De cette nature ſont les Uſances des villes de *Rennes, Nantes, Vannes, Saint-Malo, Vitré, Fougeres,* &c.

Outre ces Uſances des Villes, il y a celles relatives aux fonds de terre, entr'autres celles des Domaines Congéables dans les Cantons de *Cornoüailles, Brouerec, Tréguier & Comté de Goello, & Rohan.*

L'Uſement de la principauté de *Léon* & Juriſdiction de *Daoulas* contient les regles uſitées ſur les

_____

(1) *D'Argentré,* anc. Coutume, art. 177, au mot *accoutumé, Inſtitutions Convenantieres,* tome 1.ᵉʳ pag. 29.

fimples fermes de neuf ans dont l'ufage eft univerfel dans ces cantons.

Tous ces différens Ufemens font le réfultat des conventions que les habitans avoient coutume de faire entr'eux , & qui avoient formé un ufage général dans chaque canton. Ce n'eft qu'après une multitude de baux à convenant, paffés pendant plufieurs fiécles, que les ftipulations & les regles, adoptées par l'ufage & l'habitude, ont acquis force de loi , & qu'on les a rédigées par écrit.

Pour les conftater exactement, on ne s'en eft point rapporté aux Propriétaires fonciers, mais on a fait faire des enquêtes par Turbes. C'eft ce qu'on voit entr'autres pour l'Ufement de *Broüerec*. Il a été extrait d'une Enquête par Turbes , faite en exécution d'Arrêts du Parlement de Bretagne , par un Confeiller de cette Cour, les 20 , 23 & 24 Janvier 1570, compofée de trois turbes , deux enquifes à Vannes , & l'autre à Auray.

On doit penfer que les rédactions des autres Ufemens ont été faites de cette manière. Ce qu'il y a de certain , c'eft que ces rédactions furent préfentées aux Commiffaires réformateurs de la Coutume de Bretagne , ainfi que le prouve leur procès-verbal du 14 Janvier 1581 , rapporté dans l'édition de *M. Dufail*, imprimée à *Rennes* chez *Jean Vatar* en 1645 , & dans les Inftitutions convenantieres de M. Baudouin, tom. 2, pag. 267 & fuivantes.

Ces Commiffaires ordonnerent que ceux qui prétendoient les droits de convenans & Domaines Congéables , en uferoient & jouiroient, comme ils avoient fait au paffé, bien & duement.

La confirmation de ces droits fe trouve auffi dans l'article 684 de la Coutume générale de Bretagne.

On ne parlera point encore ici de l'Ufement de *Rohan*, juftifié par un autre Jurifconfulte. Ce n'a été ni par supercherie, ni par finesse que ce qui concerne cet Usement n'a point été traité dans le *Mémoire sur les Domaines congéables de Cornoailles, Brouerec & Tréguier & Goello*.

L'Auteur de ce mémoire n'est ni propriétaire de tenues dans l'Usement de Rohan, ni chargé de sa défense, & il s'est fait la loi de ne pas s'immiscer dans ce qui lui est étranger.

Ce ne peut être de bonne foi que l'auteur de *l'Elixir du régime féodal* présente dans ses *dernieres reflexions* l'Usement de Rohan, comme le principal des Usemens des Domaines congéables, comme celui dont les dispositions doivent faire la regle pour les autres, tandis qu'elles lui sont particulieres, & qu'on suit dans les autres Usemens, des principes essentiellement différens sur plusieurs points.

Le territoire soumis à l'Usement de Rohan ne peut entrer en comparaison avec celui de Brouerec, ni avec ceux de Cornoailles, & Tréguier & Goello. Chacun de ces trois Usemens regit une étendue de pays infiniment plus considérable. (1)

Conformément au plan adopté dans le mémoire, on ne rapportera que le texte de ces trois derniers Usemens.

---

(1) L'Usement de *Brouerec* s'étend depuis la ville de *Quimperlé*, jusqu'à la riviere de *Vilaine*, ou à la *Rochebernard* : ce qui comprend le territoire des anciennes sénéchauffées royales de *Vannes, Auray, Rhuis, Muscillac* réunie à Vannes, & la plus grande partie de la sénéchauffée d'*Hennebond* avec les jurisdictions qui en relevoient.

L'Usement de *Tréguier & Goello* comprend tout le diocése de *Tréguier*, tout le cy-devant *Comté de Goello*, ainsi que *Paimpol, Lanvolon, Quintin, Pordic* & plusieurs autres cantons dans les diocéses de *S. Brieuc, Dol, Quimper* & même *Léon*.

L'Usement de *Cornoailles* est pratiqué dans presque tout le diocése de *Quimper*, & dans quelques parties de *S. Paul de Léon*.

L'Usement de *Rohan* régit les territoires des anciennes jurisdictions de *Rohan, Corlay, Pontivy, Baud* & quelques autres inférieures.

USANCES LOCALES DU DOMAINE CONGÉABLE DE CORNOAILLES.

TEXTE VÉRITABLE , tel qu'il est dans la petite Coutume de Sauvageau , imprimée à Rennes en 1742, page 411 & suivantes (1).

ARTICLE Ier. Le domaine congéable est universel par-tout l'Evêché & Comté de Cornoailles , fors en la jurisdiction de Daoulas, laquelle, comme ramagere de la principauté de Léon , tient même usance que ladite principauté , en laquelle le colon ou rustique ne peut , par aucun laps de tems , s'attribuer droit aux superfices des lieux par eux profités, (2) sans titre particulier.

TEXTE composé par l'Auteur de l'Elixir du régime féodal.

ARTICLE Ier. Le Domaine congéable est universel dans tout l'Evêché & Comté de Cornoailles , excepté dans la jurisdiction de Daoulas.

Dans le canton de *Cornoailles*, la tenure à Domaine Congéable est le titre le plus ordinaire.

Dans celui de *Léon & Daoulas*, la simple Ferme de neuf ans est universelle.

Le Colon ou Domanier qui a la propriété résoluble des édifices & superfices , dont il ne peut être évincé que lors du congément, & après que le Foncier lui en a remboursé la vraie valeur, à dire d'Experts , jouit d'un sort bien plus avantageux que le Fermier de Léon & Daoulas, qu'aucune possession ne peut faire réputer Propriétaire des superfices, s'il n'a un titre particulier. C'est pour effacer ce parallele , qui est tout à l'avantage du Domanier , que l'Auteur de l'Elixir a supprimé la majeure partie de l'article.

---

(1) On a imprimé en italique, ou en petites capitales tout ce qui a été retranché du véritable texte, ou altéré par l'auteur de *l'Elixir*.

(2) *Profités*, c'est-à-dire *possédés, tenus*, dont les cultivateurs jouissent.

A 4

Texte véritable.	*Texte de l'Elixir.*
II. Les Domaniers, *par-tout ailleurs audit Comté, ont les droits convenanciers & réparatoires,* ainfi *nommés, parce qu'ils* font maîtres des édifices & fuperfices *de leurs tenues, & qu'ils* font en poffeffion de difpofer defdits droits réparatoires, comme de leur héritage. *Leurs veuves y prennent douaire :* quand ils font vendus à autre qu'au Seigneur foncier, les retirent *par prémeffe, en prennent poffeffion,* font bannir & s'en approprient *avec pareilles folemnités que l'on obferve pour foi rendre Seigneur irrévocable de tout autre héritage, fans que pour cela ils payent aucunes ventes.*	2. *Les Domaniers font maîtres des édifices & fuperfices ; ils s'en font bannir & approprier : ils y exercent le retrait lignager, comme fur toute autre propriété, & leurs veuves prennent douaire fur cette propriété, pourvu qu'elle ne foit pas vendue au Seigneur.*

L'altération de cet article dans le texte de l'Auteur de l'*Elixir* eft fenfible. Il a retranché ces expreffions ; *avec pareilles folemnités que l'on obferve pour foi rendre* SEIGNEUR *irrévocable de tout autre héritage,* parce qu'elles font voir que le mot *Seigneur* ne fignifie autre chofe que *Maître* ou *Propriétaire,* & que le *Seigneur foncier* n'eft véritablement que le *Propriétaire foncier.*

Autre fuppreffion des mots, *fans que pour cela ils payent aucunes ventes.* Les lods & ventes ne font point dus pour les aliénations que les Colons font de leurs édifices & fuperfices, parce que ce ne font dans leurs mains que des objets mobiliers, dont l'immobilité, refpectivement à d'autres perfonnes que le Foncier, n'eft que fictive, & que leur propriété eft réfoluble à la fin du bail.

III. Le Seigneur foncier les peut expulfer *de leurs tenues,* en les réparant à dire d'Experts, *Arpenteurs, Appréciateurs convenus,*	3. *Après le laps de tems de la baillée fini, le Seigneur peut les expulfer quand il lui plaît, en les*

toutes & quantes fois que bon lui
femble, LEURS FERMES ÉTANT
FINIES, *foit qu'elles foient de neuf
ans ou plus long-tems ; & même*
PENDANT ICELLES, AU CAS QUE
LE SEIGNEUR AIT BESOIN DE
S'Y LOGER, *étant au préalable dé-
dommagés, outre les réparer, & non
autrement.*

*rembourfant. à dire d'Ex-
perts.*

Cet article eft entierement mutilé & défiguré dans la verfion. L'Ufement dit que le Domaine Congéable n'eft autre chofe qu'un bail à ferme : ces mots *leurs* FERMES *étant finies*, font clairs & précis. Pour écarter cette idée, l'Auteur de l'Elixir fubftitue ces expreffions, *après le laps de temps de la baillée fini.*

Ce n'étoit pas encore affez. Il n'y a qu'un Propriétaire qui puiffe expulfer fon Fermier pour fe loger dans fa ferme. L'article 3, en le permettant au Propriétaire foncier, prononce difertement qu'à lui-feul appartient la propriété de la tenue, & que le Colon n'eft qu'un Fermier, auquel il rend juftice, en ne permettant fon expulfion qu'autant qu'il eft *réparé*, c'eft-à-dire, rembourfé de la valeur de fes édifices & fuperfices, & en outre dédommagé, lorfqu'il eft congédié avant l'expiration de fon bail. L'Auteur de l'Elixir retranche toute cette fin de l'article.

Ce feul exemple peut faire juger de quel côté font *l'impudence & la mauvaife foi*, & lequel mérite de telles qualifications, ou celui qui a été capable de dénaturer auffi audacieufement la loi, ou de ceux qui s'en plaignent.

IV. Des baux à domaine qu'ils font à 19 ans ou plus longtems (defquels puis les 200 ans, il s'en trouve une infinité) l'on n'en prend aucunes ventes, non plus que de ceux qu'ils paffent pour neuf ans.

Il n'eft point dû de lods & ventes pour les baux

à Domaine congéable, parce qu'on ne peut y voir que des titres précaires, qui ne sont translatifs ni d'une propriété incommutable, ni d'un immeuble; ces deux vérités ont déplu à l'Auteur de l'Elixir; il a supprimé l'article.

Texte véritable.	*Texte de l'Elixir.*
V. Les Domaniers sont en possession de partager entr'eux leurs tenues, fonds & superfices, *sans appeller leur Seigneur foncier. Bien est vrai qu'ils ne peuvent diviser la rente du Seigneur, sans son consentement.*	5. *Les Domaniers peuvent partager entr'eux leurs tenues, fonds & superfices, mais ils ne peuvent diviser la rente du Seigneur.*

Les mots, *sans appeller leur Seigneur foncier*, ne se trouvent point dans la version de l'Auteur de l'Elixir, parce qu'ils prouvent la liberté dont jouissent les Domaniers dans les partages qu'ils font de la *jouissance* du fonds des tenues & de la propriété des édifices & superfices.

Il a aussi retranché ceux, *sans son consentement,* ce qui pourroit faire croire que la rente ne peut être divisée, quand même le Foncier y consentiroit.

VI. La seule possession de 40 ans sans titre rend *lesdits Comtadins* (1) Seigneurs irrévocables des édifices, *sans qu'ils aient besoin d'en apparoir titre. Et en cela est ledit Usement directement contraire à l'Usement local de la principauté de Léon & jurisdiction de Daoulas, située audit Comté, où les rustiques ne peuvent, par aucune longue tenue, prétendre aucun droit, sans titre particulier, ni aux fonds, ni aux édifices de leurs étages & lieux.*	6. *La possession de 40 ans sans titre, établit en leur faveur, une prescription qui les rend propriétaires des édifices, comme s'ils en avoient un acte.*

La mutilation de cet article est palpable; l'Auteur

---

(1) Les habitans du comté de Cornoailles.

de l'Elixir a affecté d'en retrancher les deux tiers, & de supposer une préscription dont l'article ne parle point. En vertu de la possession quadragénaire, le détenteur est réputé, dans le Comté de Cornoailles, Propriétaire légitime des édifices & superfices, au lieu que cette possession ne lui attribueroit aucun droit dans l'Usement de Léon & Daoulas (1).

VII. Les bois qui croissent sur les fossés & au-dedans d'iceux leur appartiennent, fors les bois *propres à merrain*, desquels ils n'ont que l'émondure; comme aussi de tous bois de merrain de haute futaie qui croissent au-dedans de leurs parcs & clôtures.

VIII. Les tenanciers à domaine congéable ne peuvent émonder les *rabines* & bois de haute futaie, étant aux pourpris de leurs tenues, soit nobles ou roturiers, & moins les couper par pied; & de tous autres bois de merrain leur est défendu de couper par pied.

Rabines; ce sont les avenues & bois de décoration.

Pourpris, l'enceinte des maisons des campagnes.

On appelle en Bretagne *Bois à merrain* tous les bois propres à œuvre; ils sont réservés au Propriétaire foncier. Aussi leur valeur n'entre point dans le prix des édifices & superfices, lorsqu'ils sont vendus au Colon par le bail à convenant.

Texte véritable.	Texte de l'*Elixir.*
IX. Ils ne peuvent construire maisons neuves sans la permission de leur Seigneur *foncier*; & ce d'autant qu'ils ne peuvent, sans sa permission, grever le fonds. Bien peuvent, sans sa permission, *faire tous autres édifices utiles & nécessaires, comme* haies, fossés, vergers, jardins & prairies.	9. *Les Domaniers ne peuvent construire de maisons neuves, sans la permission du Seigneur; mais ils peuvent, sans la permission du Seigneur, faire des hayes, fossés, jardins, vergers & prairies.*

L'altération de cet article consiste en ce qu'on a

---

(1) Les articles 7 & 8, & les suivans, vis-à-vis desquels il n'y a point de texte, ont été omis dans l'*Elixir*

supprimé les termes indicatifs du motif pour lequel les Domaniers ne peuvent bâtir des maisons neuves sans la permission du Foncier. Ce motif est qu'ils couvriroient tellement le fonds d'édifices, que leur valeur seroit supérieure à celle du fonds, ce qui rendroit le congément impraticable. C'est ce qui s'appelle *grever le fonds*, comme l'explique l'art. suivant.

X. *Grever le fonds*, s'entend quand les édifices une fois payés valent plus que le fonds une fois prisé ; non pas plus que l'affranchissement de la rente au denier 20, LAQUELLE SOUVENT EST FORT MÉDIOCRE, ÉGARD AUX GRANDES ISSUES ET LARGESSES DESQUELLES JOUISSENT LES RUSTIQUES AUDIT COMTÉ hors l'Armorique d'icelui.

Cet article prouve qu'il y a une grande différence entre la valeur du fonds & celle de la rente. Le plus souvent les rentes sont très modiques, attendu les grands avantages dont les Cultivateurs jouissent dans le Comté de Cornoailles. Cette explication a déplu à l'Auteur de l'*Elixir* ; il a rejetté entierement l'article.

XI. Tous Domaniers doivent à leurs Seigneurs, s'il n'est autrement conditionné par le bail ; savoir, trois journées par attelage aux charrois des bois, vins & foins de leurs Seigneurs ; trois par leurs chevaux sans attelage, & trois par œuvre de main, qui font en tout neuf corvées par an.

Ces expressions, *s'il n'est autrement conditionné par le bail*, prouvent qu'il dépend des Domaniers de ne point s'assujettir à des corvées ; c'est la loi faite par cet acte qu'on doit suivre. Les corvées sont donc conventionnelles & non féodales.

XII. Lesdites corvées par attelage, ont été estimées au passé à 10 sols monnoie, les corvées avec simples chevaux, à 5 sols monnoie ; & la corvée de main, à deux sols 6 deniers monnoie. A présent que l'argent est devenu plus commun & les denrées plus valantes, à une moitié plus.

XIII. Les Domaniers ne font sujets de faire les corvées hors la jurisdiction de laquelle ils font manans, si ce n'est pour le charroi de vins & d'ardoise pour la réparation de la maison du Seigneur, ou pour la voiture de ses bleds au prochain port de mer ou ville marchande.

L'attention de ne point trop éloigner les Domaniers du lieu où ils demeurent, fait voir que ces corvées ne font point rigoureuses.

XIV. Des corvées ne font dus au Seigneur aucuns arrérages, si elles ne font demandées ou refusées de faire, auquel cas, les Domaniers les doivent à la raison que dessus; favoir, à 24 fols tournois corvée par attelage, & les autres au *prorata* : & à faire autres corvées ne peuvent être contraints, si le Seigneur ne bâtit en la jurisdiction, auquel cas ils les redoublent.

Le redoublement des corvées est tombé en désuétude, & ne peut plus s'exiger, ainsi que l'atteste *Furic* dans son commentaire sur l'article qui établit ce redoublement (1).

XV. Ils ne doivent lesdites corvées s'ils ne font Etagers, encore qu'ils tiennent & profitent terres au dehors de leurs tenues, si ce n'est qu'ils s'y soient obligés *volontairement*, le tout sans déroger au droit du Seigneur Foncier ou Etager.

Lorsque les Domaniers ne font pas *Etagers*, c'est-à-dire, lorsqu'ils n'ont aucune maison dépendante de leurs tenues, ils ne font point sujets aux corvées.

Texte véritable.

XVI. Tous Domaniers, s'ils font Etagers, doivent suivre le détroit du moulin de leur Seigneur, s'il est sous la banlieue; & s'ils ne tiennent que terres par dehors, ils n'y font tenus, si ce n'est qu'à ce faire ils se soient obligés expressément, le Seigneur duquel ils font Etagers

Texte de l'Extrait.

16. Les Domaniers font tenus à la suite du moulin, s'ils demeurent sous la Seigneurie, & dans la banlieue du moulin du Seigneur.

---

(1) Institutions Convenantieres, tome 1.ᵉʳ page 158 à la note.

n'ayant point de moulin dans la ban-
lieue.

Le sens de cet article est changé dans la version qui n'exprime point que le Domanier qui n'a qu'une tenue *par dehors*, c'est-à-dire sans bâtimens, n'étoit pas sujet au moulin du Foncier, à moins qu'il ne s'y fût obligé par une convention expresse, comme l'art. 376 de la Coutume de Bretagne le permettoit.

La fin du même article, aussi supprimée dans la version, prouve que les conventions du Foncier & du Colon ne pouvoient nuire au droit de suite de moulin du Seigneur du fief dans l'étendue duquel la tenue étoit située, puisque le Colon ne pouvoit suivre le moulin du Foncier que quand le Seigneur de fief n'en avoit pas un dans la banlieue.

Texte véritable.	*Texte de l'Elixir.*
XVII. Les Domaniers font obligés de suivre la cour de leur Seigneur, s'il a jurisdiction contentieuse ; & en cela ils diffèrent des Censiers & Métayers, *parlant d'eux à la mode de Bretagne*, où le Seigneur Censier n'a que le seul droit de retrait de privilége. *Plusieurs ont droit d'inventaire sur leurs hommes ; & généralement audit Comté, nul Seigneur n'a mesure particulière, s'il n'a jurisdiction haute & basse ; & font tenus de fournir dé-* claration par tenans & aboutissans de leurs tenues, qu'ils appellent Lettres recognitoires, & à chaque mutation de Seigneur, *s'ils en font requis*, comme de passer nouveaux baux à Domaine de neuf ans en neuf ans ; *& en outre doivent acquitter les chef-rentes, & autres charges dues au Seigneur du fief ou autres, s'il n'est au contraire conditionné par*	17. *Les Domaniers font obligés de suivre la cour de leur Seigneur, s'il a jurisdiction contentieuse ; & en cela ils diffèrent des Censiers & Métayers, sur lesquels le Seigneur n'a que le seul droit de retrait de privilége. Ils sont tenus à chaque mutation de Seigneur, de fournir déclaration de leur tenue par tenans & aboutissans, ce qu'ils appellent Actes recognitoires, comme de passer nouveaux baux de neuf ans en neuf ans.*

leur bail à Domaine ; & doivent le droit de Champart & de Terrage, quand ils égobuent à la cinquième gerbe, communément, s'il n'y a pac- tion expresse de plus ou de moins.

Il y a deux altérations remarquables dans la version de cet article. 1°. Elle ne fait point mention de l'obligation des Domaniers de payer les chef-rentes & autres charges dues au Seigneur de fief à la décharge du foncier. Donc il y a une différence essentielle entre le propriétaire du fonds de la tenue & le Seigneur du fief dont relevoit cette tenue. Cette conséquence étoit évidente. Qu'a fait l'Auteur de l'*Elixir* ? Il a rejetté le texte qui la fournissoit. 2°. La version passe encore sous silence l'assujettissement au droit de champart ou terrage lorsque le cultivateur *égobue.*

On entend par *égobuer* l'action de couper & enlever le gazon qui forme le dessus de la terre, ce qui en rend la surface toute nue. De cultivateur brûle ce gazon, ou en compose des fumiers qui servent à féconder la terre qu'il défriche. L'Usement fait mention de cette opération qui étoit très-fréquente, attendu que le but principal du bail à convenant étoit le défrichement des terres. Le Colon doit le champart en ce cas, parce qu'il diminue la valeur de la superficie du sol; c'est un dédommagement accordé au propriétaire auquel le fonds & la superficie appartiennent.

Texte véritable.	*Texte de l'Elixir.*
XVIII. Ils peuvent vendre leurs édifices à qui bon leur semble, sans diminution de la rente, & ne peuvent les Seigneurs les empêcher, moyennant que la vente se fasse du tout ensemble, & non d'une portion sans l'autre ; auquel cas il leur	18. *Ils peuvent vendre leurs édifices à qui bon leur semble, moyennant que la vente se fasse du total & sans division.*

faut avoir leur congé, à cause de la
division de la rente, changement de
main & d'homme.

Suivant la partie de cet article, supprimée par
l'auteur *de l'Elixir*, les fonciers ne peuvent empêcher les Colons de vendre leurs édifices à qui bon
leur semble, & cette vente peut même être faite par
parties, pourvu que la rente reste due solidairement
sur l'universalité de la tenue, & ne soit point divisée. (1) Le consentement du foncier ne seroit nécessaire que dans le cas de la division de la rente.

Texte véritable.	*Texte de l'Elixir.*
XIX. Ils ne peuvent contrain- dre le Seigneur de les réparer, si bon ne lui semble : & ayant entre eux divisé leur tenue, le Seigneur les peut séparément congédier, & non divisement.	19. *Ils ne peuvent obli- ger le Seigneur de les con- gédier, si bon ne lui semble.*

La moitié du texte de cet article a été écartée par
l'auteur *de l'Elixir*, sans doute parce qu'elle fait voir
que les édifices & superficies sont divisibles entre les
Colons, & que le cas de cette division est le seul où
le foncier peut les congédier séparément

L'article déclare expressément aux Domaniers qu'ils
ne pourront forcer le propriétaire à les rembourser, si bon ne lui semble. Le défaut de réciprocité
en cette partie a été représenté comme une injustice
commise envers les Domaniers.

Cependant il n'y a en cela rien d'opposé soit à
l'égalité qui doit régner entre des contractans, soit à
la justice.

1°. Il seroit impossible qu'il y eût une égalité
exacte entre les deux parties, dans chaque clause d'un
acte. C'est seulement dans la réunion de toutes les par-

____

(1) Institutions Convenantieres, tome 2, pages 174 & 175.

ties de la convention , que cette égalité doit exister.

A cet égard , tout le profit du bail à convenant est pour le Colon. Il jouit de la tenue, moyennant un fermage très-léger ; ses fonds placés en droits réparatoires , lui rapportent annuellement vingt & trente pour cent : s'il fait des améliorations, il en recueille le bénéfice pendant sa jouissance , & il en reçoit encore le prix lors du congément. L'emphitéote , le simple fermier sortent les mains vuides. Le Domanier congédié a de quoi acheter d'autres droits réparatoires , & même des droits fonciers , ou des héritages , s'il le veut.

Quel fruit le Propriétaire retire-t-il de sa terre, quand il l'a donnée à Domaine congéable ? Le Colon lui paye pour les édifices & superficies une somme qui jamais n'équivaut à leur vraie valeur. Le fermage convenantier est très-modique. Lors du renouvellement des baillées , le Domanier paye un pot de vin appellé *Nouveautés* ou *Commission*. Le Propriétaire est déchargé du soin des réparations & des événemens; il peut faire un voyage de long cours , & il a une hypothéque assurée pour le paiement de son fermage.

Ces légers avantages peuvent-ils entrer en comparaison avec ceux que le Domanier retire de la tenue ?

L'inégalité n'est donc qu'au détriment du Foncier, & l'on ne doit pas lui envier l'exécution de la disposition qui empêche le Colon d'exiger de lui un remboursement forcé à l'expiration du bail.

2°. La volonté du Foncier ne commence pas pour lors à faire seule la loi. C'est la convention expresse ou implicite , par laquelle le Domanier a consenti d'être sujet au congément , sans pouvoir lui-même provoquer son remboursement.

3°. Le défaut de réciprocité est produit par la nature même du contrat. Il y a dans le bail à conve-

nant une vente & un louage. La vente n'eſt réſoluble qu'en faveur du vendeur. Jamais on n'a entendu
parler d'une vente qui pût être réſiliée au gré de
l'acheteur. Les édifices & ſuperfices ſont l'objet de
la vente ; il eſt donc juſte que le Propriétaire qui
les a vendus avec faculté d'y rentrer, puiſſe les re-
prendre, en rembourſant leur valeur, lorſque le temps
convenu eſt expiré. Le Colon acheteur ne peut
contraindre le propriétaire de les racheter, parce
qu'il ne dépend pas de lui de faire ainſi ceſſer la vente
qui n'a été ſtipulée réſoluble que pour le vendeur.

Celui - ci n'a pas pour cela un réméré indéfini,
puiſque le terme, où il peut l'exercer, eſt fixé ; il
jouit à cet égard d'une faculté poteſtative.

Quant au louage que contient le bail à convenant,
le Domanier, comme fermier, eſt libre de quitter
la jouiſſance de la tenue à la fin du délai ſtipulé. Tous
les Uſemens lui permettent de déguerpir.

Il n'y a auſſi aucune injuſtice dans la non réciprocité.

Cette clauſe eſt de la nature de toutes les autres
conventions. La liberté des contractans n'eſt point
bleſſée, quand l'obligation qu'ils doivent remplir, a
pour cauſe un acte libre de leur volonté. Comment
pourroit-il être injuſte de faire exécuter une ſtipulation
à laquelle le Domanier s'eſt ſoumis ſpontanément.

Les *effets* de la réciprocité ſeroient également nui-
ſibles au Colon & au Foncier.

Qu'eſt-ce qui anime le Colon dans ſes travaux, &
l'excite à améliorer la tenue qu'il exploite ? C'eſt
l'idée qu'il a la propriété des édifices & ſuperfices,
qu'il pourra la conſerver long-temps, au moyen de
quelques pots de vin, & que, ſi elle lui échappe
enfin, il a l'aſſurance d'être rembourſé de toutes ſes
dépenſes.

Si on lui donne le pouvoir de ſortir de la tenue
à la fin du bail, & de forcer le Foncier à lui rem-

bourfer la valeur des édifices & fuperfices, ce ne
fera plus qu'un fimple fermier., créancier privilégié
pour raifon des améliorations par lui faites.

Le Foncier ne fouffriroit pas moins de la réciprocité. Gêné par des entraves de toute efpéce, obligé
d'avoir toujours en réferve des deniers oififs, pour
être en état de rembourfer le Domanier, lorfqu'il
voudra quitter la tenue, il ne pourra conferver fa
tranquillité, qu'en convertiffant fa tenue en fimple
ferme.

Mais il y a plufieurs Fonciers pour lefquels un congément, fur-tout s'il étoit précipité, deviendroit ruineux. Par négligence, eux, ou leurs auteurs ont laiffé
furcharger leurs tenues de bâtimens. La valeur du
fonds équivaut à peine à celle des bâtimens : elle y
eft même quelquefois inférieure. Un citadin Domanier ne manqueroit pas de profiter de la réciprocité
pour tâcher de forcer le Propriétaire à lui céder la
propriété du fonds, à raifon de l'excès du rembourfement qu'il réclameroit.

Ainfi l'effet de la réciprocité feroit de détruire
infenfiblement la tenure à Domaine congéable, &
tous les avantages que l'agriculture en retire dans la
ci-devant Baffe-Bretagne.

XX. *Les droits réparatoires font comme gages naturels affectés au paiement des preftations annuelles, & arrérages d'icelles.
Et auffi peut le mari difpofer des droits convenantiers qui appartiennent à fa femme, Dame fonciére, pour les arrérages
des preftations, fi lefdits arrérages font échus pendant fon
mariage; mais fi de précédent tems, il ne peut en difpofer
au préjudice de fa femme, non plus que du fonds total; fup-
pofé qu'ils foient confolidés au fonds avant le mariage.*

La première phrafe de cet article déclare que les
droits réparatoires font comme les GAGES naturls
affectés au payement des preftations annuelles & arrérages
d'icelles. Il n'y a que des objets mobiliers & n a

fonciers qui puiſſent ſervir de gages. Voilà pourquoi l'Auteur de l'*Elixir* a fait diſparoître cet article de ſa verſion.

Texte véritable.	*Texte de l'Elixir.*
XXI. Les Tenanciers trouvant leurs tenues trop arrentées & chargées, les peuvent déguerpir, *en appellant le Seigneur foncier pour lui déclarer judiciellement qu'ils n'entendent plus icelles profiter, ni lui payer la rente accoutumée de ſa terre*, renonçant à leurs droits convenantiers ; moyennant que le dernier bail ſoit fini, & non autrement.	21. *Le Domanier trouvant ſa tenue trop chargée de rentes, peut l'abandonner, en renonçant au prix de ſes édifices & ſuperfices, pourvu encore que le dernier bail ſoit fini, & non autrement.*

Le pouvoir de déguerpir accordé au Domanier eſt un témoignage de ſa liberté, & prouve qu'il eſt toujours le maître de quitter la tenue, quand elle lui déplaît.

XXII. Ladite déclaration ne leur ſert de rien ſans offre de payer les arrérages, & ſans fournir lettres au préalable, partenans & abouiſſans, des terres qu'ils veulent déguerpir.

L'Auteur de l'Elixir prétend que juſqu'au déguerpiſſement les colons ſont des eſclaves réels qui ne peuvent pas même ſe délivrer de leurs chaînes en dépouillant leurs habits.

Les articles 21 & 22 ne préſentent rien de ſemblable.

Le Colon peut ſe débarraſſer de ſes droits réparatoires, ou en les ſous affermant, ou en les vendant, ou en déguerpiſſant.

Dans le premier cas, il reſte obligé envers le Foncier au payement de la rente ou du fermage convenantier.

S'il vend ſes droits réparatoires, il n'eſt plus obligé envers le Foncier, ni perſonnellement, ni hypothécai-

rement fur fes autres biens. (1) Son acquéreur refte
feul fujet au payement de la rente.

Enfin fi le Domanier déguerpit, il eft pareillement
libéré de fes engagemens, pourvu qu'il acquitte tous
les arrérages échus. Peut-on voir en cela l'ombre
même de l'efclavage ?

Le Foncier n'a aucun droit fur le mobilier du
Colon, bien moins encore fur fes habits.

L'obligation de donner une déclaration des terres
déguerpies eft de toute juftice. Le Colon doit jufti-
fier qu'il ne conferve aucune dépendance de la tenue
qu'il abandonne. Mais c'eft raifonner dans une hy-
pothèfe qui ne fe réalife jamais. Quel eft le Colon
affez infenfé pour perdre, par un déguerpiffement,
fes édifices & fuperfices, lorfqu'il peut les vendre
& en retirer un prix avantageux ?

XXIII. Quand un feul Domanier profite deux ténues fous
divers Seigneurs ou fous un feul, s'il n'entretient les maifons
& édifices des deux, il eft tenu d'entretenir les haies & foffés
pour la fûreté de la preftation, ou de déguerpir, comme ci-
deffus eft dit ; & pour chacun étage il doit les corvées, dont
il a été parlé ci-deffus, s'il n'eft conditionné au contraire par
fon bail.

Puifque le Colon peut jouir en même-tems de
deux tenues & de plufieurs, il n'eft attaché à aucune, & il jouit de la liberté la plus entiere.

Mais il n'a point dans toute fon étendue le *jus
utendi & abutendi*, qui appartient au Propriétaire.
L'Ufement lui prefcrit d'entretenir les hayes & foffés
pour la fûreté de la rente, & naturellement cette
obligation renferme celle de cultiver.

____

(1) *Inftitutions Convenantieres*, tome 2, page 176. Si le Colon s'étoit
obligé expreffément par le Bail à Convenant à faire quelques clôtures
ou améliorations particulieres, fon obligation directe & perfonnelle ne
cefferoit point par la vente des édifices & fuperfices à un tiers, mais
hors ce cas particulier, elle eft éteinte par la vente.

Carris enseigne qu'il ne peut, sans la permission du Foncier, détruire ni démolir les anciens bâtimens, ni en vendre les matériaux, parce qu'ils tiennent lieu d'hypotéque au Propriétaire.

Belordeau observe, que le Domanier ne peut détériorer sa tenue, ni abattre les arbres fruitiers, *encore qu'il semble en apparence ne faire préjudice qu'à lui-même, en diminuant d'autant le prisage de ses augmentations.*

La majeure partie des baux à convenant & des baillées contient la clause expresse que *le Domanier jouira en bon pere de famille, en bon ménager, sans rien dégrader, démolir ni innover* (1).

Il n'y a que le cas où les édifices tomberoient par vétusté : alors le Colon ne pourroit être contraint de les rebâtir.

Le Colon ne jouit donc point de la toute-puissance dont l'Auteur de l'Elixir veut le gratifier pour la destruction.

Il ne peut aussi construire de nouveaux bâtimens sans la permission du Foncier.

XXIV. Quand le Seigneur les veut réparer, faire le peut, comme ci-dessus dit est ; & n'est tenu de les réparer que des édifices utiles & nécessaires.

On appelle *Edifices utiles & nécessaires* ceux dont le Propriétaire a autorisé la construction : cette interprétation découle nécessairement de l'article 9.

XXV. De tous plans fruitiers, ou autres bons ménages que les Domaniers auront faits en leurs jardins, vergers, clôtures ou pourpris, de quelle espéce de fruitiers que ce soit, ils en doivent être réparés à dire d'Experts.

---

(1) Voyez le bail à Convenant du 27 septembre 1766, page 107, du Mémoire sur les domaines congéables ; page 109, la baillée du 24 août 1644, où les Edifices sont reconnus appartenir aux preneurs, *pour les pouvoir reparer & améliorer utilement & nécessairement.* Voyez aussi la baillée du 26 mai 1676 à la suite des observations sur l'Usement de Rohan par *M. Bizet* ancien avocat, page 27.

Le prix des arbres fruitiers eſt rembourſé ſans difficulté aux Domaniers : mais, ſuivant la juriſprudence,
les *Châtaigners* ne ſont pas compris dans le nombre
des arbres fruitiers ; voici ſur quoi cette déciſion
eſt fondée.

Dans la ci-devant Province de Bretagne, le Châtaigner eſt employé à deux uſages. Tantôt on veut
en faire un arbre fruitier ; alors on le greffe en flûte ;
il produit de bonnes châtaignes, mais ſon tronc groſſit
ſans s'élever beaucoup , & le bois n'en eſt propre
qu'au chauffage.

Le plus ſouvent on laiſſe le châtaigner ſauvage
& ſans être greffé ; il ne produit que de petites châtaignes ſauvages ; mais il prend librement ſa croiſſance
& forme un grand arbre dont le bois peut être employé à différens ouvrages.

Dans les pays de domaine congéable il y a des
bois de futaye entiers compoſés de Châtaigners ſauvages dont le produit conſiſte dans leur bois quand
on les abat, & non dans les fruits. Ils ne peuvent
donc être claſſés parmi les arbres fruitiers ; leurs
feuillages, qui forment un engrais, ſont recueillis
par les Domaniers.

XXVI. Les pailles, trempes, ſtucs & engrais qu'ils ont ſur
ou dans la terre, ſe doivent priſer, & la juſte valeur en eſt
due, même des genêts & landes, s'ils paſſent un an.

Les genêts & landes qui ont paſſé un an , ſont
rembourſés au Colon, parce que ce ſont des fruits
qu'il a laiſſé croître ſans en recueillir le profit.

Il arrive aſſez fréquemment que ces landes, qui
ſont ce qu'on appelle ailleurs du *genêt épineux* , ont
été ſemées par le Domanier, & ſont récoltées pendant quelques années. Il eſt juſte qu'on lui tienne
compte de la culture qu'il a faite de plantes qui pro-
duiſent pluſieurs récoltes.

XXVII. S'ils ont fait prairies aux premiéres années de leur bail, ou quelques autres amélioremens utiles fur le fonds, ils en doivent être réparés à dire d'Experts, comme s'ils y avoient demeuré quarante ans ou plus.

L'Auteur de l'*Elixir* prétend que la fuperficie productive des prairies & de toutes les terres dépendantes de la tenue, appartient au Colon qui l'a achetée, & en a donné un prix équivalent aux trois quarts de la valeur de la tenue entiere ; enforte qu'il ne refte au Propriétaire que le *Rocher nud*, ou couvert d'une terre ftérile & infructueufe.

Ce fyftême eft inexact & erronné. Si une tenue entiere vaut 20,000 livres, loin que le Foncier retire 15,000 livres du Colon, il a bien de la peine à trouver 5000 livres pour les édifices & fuperfices ; le prix dépend de leur valeur. Le plus fouvent le Domanier ne paye que les édifices ; il a les fuperfices pour rien ou à vil prix.

La valeur de ces objets n'eft pas toujours fixée par une eftimation d'Experts faite entre le Propriétaire & le Colon. Ils concluent fouvent un marché à forfait, avantageux au Domanier. La feule eftimation néceffaire eft celle qui a lieu lors du congément, entre le Propriétaire ou celui qu'il a fubrogé dans fes droits, & le Colon congédié.

Ainfi avant de vendre les édifices d'une tenue précédemment acconvenancée, le Foncier les avoit achetés du dernier Colon ; fi c'eft une métairie qu'il convertit en Domaine Congéable pour la premiére fois, il en avoit fait conftruire les bâtimens à fes frais. La fomme payée par le Domanier entrant eft donc le prix d'objets qui appartiennent bien légitimement au Foncier, mais elle n'eft point celui de la fuperficie.

Aucun bail à convenant n'exprime que le bailleur tranfporte au preneur la *fuperficie* du fonds de la te-

(25)

due, mais feulement les *édifices & fuperfices*. On ne
peut-trop inculquer qu'on doit entendre feulement
par le terme de *fuperfices* les objets qui doivent leur
exiftence à l'art, au travail, ou à la culture de
l'homme, & qui font adhérans à la fuperficie ou
furface, laquelle eft inféparable du fonds.

C'eft un fophifme d'alléguer que les fuperfices ne
peuvent auffi exifter qu'avec la fuperficie.

Les édifices & fuperfices ne font point à la fuperficie ce que celle-ci eft au fonds. Il ne peut jamais
y avoir de fonds fans fuperficie ou furface : au
contraire, la furface peut n'être chargée d'aucuns
fuperfices. Ne voit-on pas tous les jours des terreins
fufceptibles d'être cultivés, dans lefquels il n'y a
ni arbres fruitiers, ni bois puinais, ni taillis, ni
foffés ou talus, ni murs de clôture, ni bâtimens ou
autres fuperfices.

La vente ou l'Engagement des fuperfices ne comprend donc point le tranfport de la fuperficie, puifqu'elle peut exifter fans eux. Dans une vente par-
tielle, tout ce qui n'eft point expreffément vendu
continue d'appartenir au Vendeur. La fuperficie du
fonds, non exprimée dans le bail à convenant, n'eft
point engagée au Colon ; elle demeure réfervée au
bailleur avec le fonds duquel elle eft indivifible.

Au refte, il n'eft pas indiftinctement vrai que les
fuperfices ne peuvent exifter qu'avec la fuperficie ; ils
peuvent en être détachés. Les bâtimens, murs de
clôtures & autres ouvrages de maçonnerie ou de char-
pente peuvent être démolis & les matériaux enlevés.
Les arbres fruitiers peuvent être tranfplantés, ou,
s'ils font trop vieux, fervir de bois de chaufage. En
un mot la fuperficie peut redevenir telle qu'elle étoit
avant que l'art, le travail & la culture de l'homme
l'euffent améliorée. Ce n'eft point un *rocher nud*, c'eft
une terre dans fon état naturel, capable de produire

beaucoup, fi on la cultive, ne rapportant rien, fi on la néglige. C'eft la feule *jouiffance* de cette fuperficie productive que le Foncier *loue* au Colon.

La vente qu'il lui feroit de la fuperficie, en la fuppofant détachée du fonds, feroit impoffible, ou purement fictive. Il n'y a ni impoffibilité ni fiction dans celle des fuperfices, puifqu'on peut en effacer tous les veftiges, fans porter atteinte à la fuperficie qui refte toujours ce qu'elle eft, la partie vifible du fonds, indépendante de tout ce qui y eft adhérant.

Lorfque le Domanier eft congédié, il ne peut exiger le rembourfement de la fuperficie productive.

M. Baudouin, tome 2, page 62, explique avec précifion en quoi confiftent les objets rembourfables. « Les fuperfices appréciables en congément, dit-il, » font TOUS LES OUVRAGES ARTIFICIELS, & LES FRUITS ATTACHÉS A L'HÉRITAGE.

Suivant cette régle fondamentale, les édifices font le premier objet de l'eftimation.

S'il s'agit des cours d'eaux, les Experts prifent les rigoles, tranchées, ou canaux utiles pratiqués par le Colon.

A l'égard des fontaines, ils en eftiment la maçonnerie.

Ils évaluent le produit des landes ; ce font des fruits attachés à la terre.

Si le Colon a fait de nouvelles prairies, on lui tient compte des frais que ces améliorations lui ont occafionnés, ainfi que des dépenfes qu'il peut avoir faites pour la bonification des prairies exiftantes lors de fon entrée en jouiffance ; (1) mais il ne lui eft dû aucun

---

(1) Quoique *M. Baudouin* place les prairies parmi les objets à eftimer & à rembourfer lors du Congément, il eft bien éloigné de penfer que la fuperficie productive appartient au Colon, comme l'auteur de *l'Elixir* le fuppofe, en abufant des expreffions, peut-être un peu trop générales de deux paffages des Inftitutions convenantiéres, mais qui font expliqués par la citation qui vient d'être faite, & par la fuivante.
« Il eft vrai, dit M. Baudouin, tome 2 page 76, que *le fol en lui*

remboursement pour les pâtures naturelles qu'il rend dans le même état qu'il les avoit reçues.

Lorsqu'au moment du congément il n'y a ni récoltes sur la terre, ni préparations faites, les experts n'accordent au Colon d'autre remboursement que celui des arbres fruitiers éxistans, des fossés ou clôtures, & des engrais, s'il en a mis. Il ne peut lui être rien donné pour la valeur de la superficie.

C'est donc chercher évidemment à surprendre, que de vouloir identifier les superfices avec la superficie du fonds. Cette superficie, même lorsqu'il s'agit des prairies, n'appartient point au Domanier. Il ne peut prétendre qu'au remboursement des améliorations qu'il y a faites par l'art & le travail, ou par les engrais.

Au reste, l'usage, qui est le meilleur interpréte des conventions, a parfaitement distingué les droits du Foncier & ceux du Colon; & jamais il n'a attribué à ce dernier la superficie du fonds.

Texte véritable.	Texte de l'*Elixir.*
XXVIII. Les *édifices* des manoirs, moulins, fuies, colombiers, garennes, *non plus que les* tombes des églises, & autres prééminences *des manoirs & lieux* anciens, *autrefois tenus par* Gentilshommes, n'appartiennent auxdits Domaniers, s'ils n'apparoissent titre particulier.	28. *Les manoirs, moulins, fuies, colombiers, garennes, tombes des Eglises & autres prééminences des anciens manoirs de Gentilshommes, n'appartiennent auxdits Domaniers, s'ils n'apparoissent un titre spécial pour ces objets.*

Il est tellement vrai que le Domaine Congéable

» même & dans son état purement naturel, n'est autre chose que le fonds
» retenu par le seigneur; il n'entre point en prisage. Mais le tissu, la
» superficie durable d'une prairie n'est certainement pas l'ouvrage de la
» nature seule. Outre ses canaux & les saignées, il a ordinairement exigé des
» travaux pour applanir, mettre en pente la surface du terrein, des
» soins pour arracher les herbes nuisibles, & fouler les taupinieres, des
» dépenses pour framboyer, & quelquefois ouvrir & semer &c. Je pense
» donc que le tissu permanent des prairies doit être estimé, ENTANT
» QU'IL A ÉTÉ AMÉLIORÉ PAR L'ART, de maniere que le Colon soit
» remboursé de ses amélioremens utiles sur le fonds. »

n'a été introduit que pour la culture des terres, que tout ce qui étoit étranger à cet objet & concernoit des droits honorifiques, n'étoit point censé compris dans le bail à convenant. Le Domanier n'y pouvoit prétendre qu'en vertu d'un titre particulier : nouvelle preuve de la différence qui a toujours existé entre le Domaine congéable & le féage.

Texte véritable.	*Texte de l'Elixir.*
XXIX. Tous les manans dudit Comté sont exclus d'alléguer, ni maintenir, profiter ni relever terres à autre titre qu'audit titre de domaine congéable, quelque longue possession qu'ils aient, s'ils n'apparoissent titre particulier du contraire.	29. *Tous les habitans du Comté de Cornoaille sont censés tenir leurs Terres à domaine congéable & quelque longue possession qu'ils aient, fût-elle de cent ans, ils ne peuvent préscrire contre cette maniere de détention, à moins qu'ils n'apparoissent un titre particulier du contraire.*

Presque tous les articles précédens ont été tronqués par l'Auteur de l'*Elixir*; il a allongé celui-ci. Il y a ajouté l'exclusion de la possession centenaire qui n'est point dans le texte.

Selon lui, la présomption établie par cet article détruit la propriété de ceux qui possédent des terres à héritage & elle peut les rendre simples Domaniers.

C'est supposer le contraire de ce que veut l'article. La propriété de ceux qui possédent des fonds à titre d'héritage ne souffre point de la présomption de la tenure convenantiére, puisque cette présomption n'a lieu que contre ceux qui payent une rente ou prestation annuelle, telle qu'elle est ordinairement stipulée pour le Domaine congéable. La rente féodale ou le cens que doivent ceux qui possédent à héritage, différe entiérement du fermage convenantier.

Texte véritable.

XXX. Audit Comté les Seigneurs *ne font accoutumés* bailler quittance à leurs Domaniers, du paiement de leurs preftations annuelles; *& la plupart font inféodés vers le Roi du droit de recette & d'établir en chacune de leurs tenues un de leurs hommes pour toucher & faire la cueillette des autres. Et les Seigneurs, qui n'établissent Receveurs qui n'ont droit de ce faire,* tiennent rôles & rentiers de leurs recettes, fur lefquels, s'il fe trouve paiement de la derniere année fans réfervation des précédentes, ils demeureront quittes *pour tout le tems dudit Seigneur, qui eft tenu d'apparoir fon cahier, s'il eft en requis.*

Texte de l'Elixir.

30. *Dans le Comté de Cornouaille, le Seigneur ne donne point de quittance de la rente annuelle aux Domaniers, mais il a un livre de recette ou rôle rentier; & fi fur ce livre le paiement de la derniere année fe trouve marqué fans réfervation des précédens, le Domanier eft quitte.*

L'auteur de l'*Elixir* veut perfuader que les Colons font à la merci des Fonciers. Dans cette vue, il fuppofe comme une regle conftante, autorifée par l'Ufement, l'abus qui s'étoit introduit parmi les Fonciers du Comté de Cornoailles de ne point donner quittance des redevances convenantieres.

Loin que l'article 30 favorifât cette négligence des Propriétaires, il en faifoit retomber l'événement fur eux. Il difpenfoit implicitement le Colon de fournir la preuve du paiement par lui fait, & il obligeoit au contraire le Foncier de repréfenter fon rentier, s'il en étoit requis, afin que le Colon pût vérifier fi le paiement de la précédente année y étoit porté fans réferve, & dans ce cas il étoit quitte. A défaut de repréfentation du rentier, le Colon eût pareillement été préfumé avoir fatisfait. L'auteur de l'*Elixir* a retranché de fa verfion l'obligation impofée au Foncier de communiquer fon rentier, ce qui forme une altération confidérable.

L'abus de ne point donner des quittances a été entièrement proscrit par un Arrêt de Réglement du 12 Janvier 1657, rendu entre le Baron *du Vieux-Châtel* & ses
Colons & par plusieurs autres, qui tous ont assujetti
les Propriétaires fonciers à donner des acquits, c'est-
à-dire des quittances. (1) C'est donc faire revivre
un abus éteint depuis plus de *cent trente ans*, pour
noircir la tenure à Domaine congéable.

<table>
<tr><td>

Texte véritable.

XXXI. Ès villes & fauxbourgs
dudit Comté, il n'y a point de
droits convenantiers : ains toutes
rentes sont censives, foncières,
constituées, ou de simple ferme
qui est la commune, & des autres
fors de simple ferme, il faut avoir
titre particulier, ou paisible pos-
session de 40 ans.

</td><td>

Texte de l'Elixir.

31. *Dans les villes &
fauxbourgs qui se trouvent
dans le Comté de Cor-
nouaille, il n'y a point de
droits convenantiers, ou
domaine congéable, mais
toutes rentes sont censives,
foncières, constituées ou de
simple ferme.*

</td></tr>
</table>

La tournure donnée à cet article par l'auteur de
l'*Elixir* a pour but de faire croire que les habitans
des villes, plus instruits que ceux des campagnes,
se sont soustraits au joug du Domaine congéable. Cette
idée est absolument fausse. Tout ce que signifie l'article, c'est que le titre de simple ferme est celui auquel sont possédées communément les maisons des
villes, & le Domaine congéable celui auquel sont
tenus les biens de campagne. La prestation payée par
celui qui jouit d'un bien de campagne, est réputée
un fermage convenantier : celle qui est acquittée par
le détenteur d'une maison de ville, est le prix de
sa location. Pour faire décider le contraire, l'Usement exige un titre particulier.

Dans ces présomptions opposées, tout l'avantage
est du côté du possesseur de biens de campagne,
parce qu'il vaut mieux être Domanier que simple

____

(1) *Institutions convenantières*, tome 1er., page 206.

fermier. Mais il n'en eſt pas moins vrai que le bail
à convenant eſt une ferme, parce que c'eſt la convention prédominante dans ce contrat.

Texte véritable.	*Texte de l'Elixir.*
XXXII. Vers Corlay il y a une *Uſance, telle qu'elle ſe pratique en quelques endroits du Duché de Rohan; ſavoir, eſt le droit de Que-vaiſe, auquel le dernier né, ſoit fils ou fille, demeure Seigneur de tout l'héritage, les ſeuls meubles é-tant partables entre les autres en-fans; auquel dernier né mourant ſans hoirs de ſon corps ſuccédent les Seigneurs fonciers.*	32. *Aux environs de Corlay, le droit de Quevaiſe eſt établi, & il conſiſte, en ce que le dernier né demeure ſeul propriétaire de l'héri-tage, excepté les meubles meublans, qui ſe partagent entre lui & ſes freres & ſœurs. Si ce dernier né meurt ſans enfans, c'eſt le Seigneur qui lui ſuccéde.*

Cet article eſt encore altéré dans la verſion qui
réduit aux *meubles meublans* les objets partageables
entre tous les freres & ſœurs; tandis que les meubles
& effets mobiliers ſe partageoient entre tous les enfans du Quévaiſier. Les collatéraux même pouvoient,
ſuivant l'article 7 de l'Uſement de Quevaiſe, pourſuivre dans deux ans le paiement des engrais, &
autres objets appartenant à leur parent décédé; la
tenue ſeule tomboit en déſhérence au profit du Seigneur. Il n'y a rien de ſemblable dans les Uſemens
de Cornoailles, Brouerec, & Tréguier & Goello.

XXXIII. Ès Terres dépendantes de l'Abbaye du Rellec,
l'on obſerve la même Uſance qu'audit Corlay; ſavoir, eſt
le droit de Quevaiſe qui journellement s'altère en droit
convenantier.

L'auteur des *Inſtitutions convenantieres*, tome 1er,
page 110, note a, obſerve judicieuſement que les articles 32 & 33 de l'Uſement de Cornoailles, con-
fondent mal à propos l'Uſement de Quevaiſe avec
celui de Rohan. La Quevaiſe étoit un tenement féodal, non rembourſable par le ſeigneur; elle différoit
donc eſſentiellement du Domaine congéable, qui

dans tous les Ufemens, n'attribue au Colon que des fuperficies amovibles, & non féodaux.

Texte véritable.	*Texte de l'Elixir.*
XXXIV. Plufieurs Gentilshommes ont en leurs Terres des patibulaires *à deux & trois pôts*, & jurifdiction contentieufe fur leurs *Domaines par conceffion, longue tenue ou autrement* : & s'en trouvent d'autres qui ont patibulaires *attachés* à leur moyenne jurifdiction, fans qu'ils aient pour cela jurifdiction contentieufe.	34. *Plufieurs Gentilshommes ont en leurs Terres fourches patibulaires & jurifdiction contentieufe fur leurs Domaniers : d'autres ont patibulaires & moyenne jurifdiction, fans qu'ils aient pour cela jurifdiction contentieufe.*

L'auteur de l'*Elixir* a fupprimé les termes de l'article, qui indiquent d'où dérivoit la jurifdiction contentieufe que quelques Fonciers, qui étoient en même temps feigneurs de fiefs, exercoient fur leurs Domaniers. Elle venoit d'une conceffion, ou d'une *longue tenue*, c'eft-à-dire d'une *longue poffeffion*. La jurifdiction fur les Domaniers n'étoit donc point attachée au titre de Domaine congéable.

Cette vérité eft confirmée par la feconde partie de l'article où il eft dit que des Seigneurs, ayant moyenne juftice, n'avoient pas pour cela jurifdiction contentieufe fur leurs Domaniers. Cependant lorfque les jurifdictions feigneuriales fubfiftoient, le Seigneur qui avoit moyenne juftice, avoit toujours une jurifdiction contentieufe, limitée à certains cas.

Texte véritable.	*Texte de l'Elixir.*
XXXV. Ès autres endroits dudit Comté, l'on trouve des anciens *titres & garants* à droit de motte, reffentant encore le joug Romain fur ceux qu'ils appelloient *adfcriptitios glebæ*, lefquels néanmoins à préfent font comme affranchis de telles fervitudes par la commutation univerfelle dudit	35. *Dans d'autres endroits de ce Comté, l'on trouve d'anciens titres à droit de motte, reffentant encore, le joug Romain, fur ceux qu'ils appellent* ADSCRIPTITIOS GLEBÆ, *lefquels néanmoins à préfent, font comme affran*

titre

titre en celui de domaine congéable.

*this de cette servitude, par
la commutation univer-
selle de ce titre, en celui
de domaine congéable.*

O merveilleux prodige d'exactitude! Sur 35 articles
dont est composé l'Usement de Cornoailles, l'auteur
de l'*Elixir* en rapporte enfin un, un seul qui, à quelques termes près, est littéralement conforme au texte.

Mais pour se dédommager d'avoir été une fois
exact sur la lettre de la Loi, il s'empresse d'altérer le
sens de cet article. Il veut faire croire que le droit de
Motte a été converti en Domaine congéable, & que
les hommes motoyers sont devenus des Domaniers ;
d'où il conclut que le Domaine congéable est une
demi-servitude.

Il faut n'avoir aucune idée de la nature du droit
de Motte, pour croire à sa conversion en Domaine
Congéable pendant la vie de l'homme motoyer.

Celui-ci mourant sans enfans mâles, le Seigneur
lui succédoit à l'exclusion des filles & des collatéraux.

Les échutes étoient très-fréquentes dans ce genre
de tenure qui renfermoit une véritable servitude,
puisque le Motoyer étoit tellement attaché à la terre
qu'il perdoit sa tenue s'il cessoit de l'habiter pendant
un an. Mais ce Motoyer étoit Propriétaire du fonds ;
le Seigneur ne pouvoit lui ravir cette propriété, se
la retenir, en former un Domaine Congéable, &
retirer de l'argent de cette conversion.

Le droit de Motte a donc été aboli lors des échutes.
Le Propriétaire dans la main duquel le fonds étoit
rentré s'en réservoit la propriété & en donnoit seu-
lement la jouissance précaire à titre de Domaine
Congéable ; mais ce n'étoit ni ne pouvoit être au
Motoyer décédé sans postérité masculine.

Ces nouvelles concessions n'étoient donc point le

C

rachat de la liberté de la personne du Serf. C'étoient des conventions libres entre des Colons francs, & un Propriétaire qui leur confioit la culture d'un bien dont les loix, alors en vigueur, lui avoient déféré l'obvention.

Il en étoit de même pour le droit de Quevaise; le Seigneur succédoit à la tenue au décès du détenteur sans enfans.

On vient de voir que, suivant l'article 33 de l'U-sement de Cornoailles, la Quevaise usitée dans les terres dépendantes de l'Abbaye *du Rellec* s'altéroit journellement en droit convenancier.

De quelle manière s'opéroit cette altération ? L'article 12 de l'Usance de Leon l'apprend. Il y est dit : « qu'en la terre de *Kerjan Barbier*, autre-fois » demeurée à l'Abbaye *de Rellec*, il y avoit *un droit* » *de Quevaise qui se changeoit journellement en simple* » *Ferme, à la mesure que la maison du Seigneur s'en* » *trouvoit garnie par le décès du dernier né sans hoirs* » *de corps* ».

Les terres tenues à droit de Motte ou de Quevaise n'étoient donc données, soit à Domaine Congéable, comme le dit l'article 35 de l'Usement de Cornoailles, soit en arrentement, comme l'énonce la préface de l'Usement de Motte, que quand les tenues étant retournées au Seigneur, il étoit le maître d'en disposer de telle façon que bon lui sembloit.

De ce que les premiers détenteurs de ces terres étoient Serfs, n'est-il pas ridicule de conclure que les Fermiers ou Domaniers qui leur ont succédé à un titre tout différent, & qui jouissent de la plus entiere liberté, sont à moitié esclaves, & que par ce motif on doit leur accorder la propriété des terreins qu'ils cultivent ? Si cette opinion étoit adoptée, tous les Propriétaires de la France, qui n'exploitent pas eux-mêmes leurs biens, auroient à trembler pour

leurs propriétés : car , dans l'origine , tous les Cultivateurs étoient Serfs dans les Gaules (1).

Quel seroit aussi le sort des Planteurs de nos Co-
lonies ? Ils n'en seroient pas quittes pour donner
la liberté à leurs Négres ; il faudroit encore qu'ils
leur cédassent leurs habitations. Un pareil système
ne peut être adopté ni par l'Assemblée Nationale ,
ni dans aucun des pays où l'on a quelques égards
pour les propriétés.

On ne peut donc raisonnablement tirer aucune
conséquence de l'Etat ancien des Cultivateurs à leur
état actuel. Autrefois ils étoient Serfs ; maintenant
ils jouissent de la plus entiere liberté ; ils sont ou
Fermiers ou Domaniers ; & ce dernier état est le
plus avantageux pour eux.

D'ailleurs il y en a un grand nombre qui sont Propriétaires. Ils ont soit des droits fonciers , soit des
terres tenues à héritage , c'est-à-dire, dont le fonds
& les édifices & superficies leur appartiennent.

Lors de la rédaction de l'Usement de Cornoailles ,
faite il y a plus de deux siécles , l'on ne connoissoit
presque plus le droit de Motte que par des titres
alors très-anciens. Il y a donc très-long-tems que
les vestiges même de cette servitude sont effacés.

La Quevaise, qui n'éxistoit plus que dans une
Seigneurie, a aussi été abolie.

Pourquoi rappeller sans cesse le souvenir de ces
droits après leur extinction complette ?

USANCES LOCALES DE BROUEREC.

Brouerec, ou Brouerec, & anciennement Brogue-
rec, est le territoire des anciens Comtes de Vannes ,

____

(1) *Plebs penè servorum habetur loco. Cæsar ; de bello Gallico. Lib 6.*

» ainfi dit du vieux mot gaulois *Brog* , qui figni-
» fie *agrum vel regionem* , terroir , canton , & de
» *Werecus* ou *Guerecus* , fils de *Macliave* , Comte de
» Vannes , dont *Gregoire de Tours* parle , *Lib. 5* ,
» *Cap. 16.*

« L'Ufance particuliere de Brouerec , telle qu'elle
» a dû être préfentée à MM. les réformateurs de
» la Coutume en 1580 , ne fe trouvant pas , l'on a
» extrait celle qui fuit d'une *information en Turbes* ,
» faite en exécution d'Arrêts , pardevant un des MM.
» Confeillers au Parlement , les 20 , 23 & 24 Janvier
» 1570 , compofée de trois Turbes , deux enquifes à
» *Vannes* , & l'autre à *Auray* ; le furplus de l'ufage
» ordinaire , recueilli par le feu fieur *Gatechair* , Avocat
» en la Cour , poftulant au préfidial de Vannes ».

Texte véritable.	*Texte de l'Elixir.*
Article Premier.	Article Premier.
Quelle eft l'étendue du Canton où elle fe pratique?	*Cet Ufement s'étend depuis Quimperlé , jufqu'à la Roche - Bernard , c'eft-à-dire , fur une longueur d'environ 22 lieues , & fur une largeur d'environ 10 , depuis les bords de la mer , jufqu'au Comté de Porhouet , & à la Vicomté de Rohan.*
Il s'étend en longueur depuis la riviere de la Roche-Bernard , jufques à la Croix du pont de Quimperlé , & en largeur depuis le rivage de la mer jufqu'au Comté de Porhoet & Vicomté de Rohan ; *ce qui comprend le territoire des Jurifdictions de Vannes , Aurai , Rhuys & Mufillac , la plus grande partie de celle de Hennebond , avec les Jurifdictions qui en relevent , même les Paroiffes d'Arzal , Peaule , Marzan , Noyal & autres voifines.*	

Puifque du propre aveu de l'Auteur de l'Elixir ,
l'Ufement de Brouerec régit un territoire de vingt-
deux lieues de longueur fur dix de largeur , comment
a-t-il ofé imprimer , pag. 19 de fes *dernieres reflexions*
que l'Ufement de *Rohan* eft le principal Ufement à
Domaine congéable ?

| *Texte véritable.* | Texte de l'Elixir. |

Texte véritable.

Quand le Congément a lieu.

11. Le Seigneur foncier peut congéer le Domanier ou Détenteur, lorsqu'il lui plaît, en payant préalablement les édifices & superfices, appellés autrement *Droits Convenantiers ou Réparatoires, & le laissant jouir de ses stucs & engrais.*

Si ce n'est qu'il y ait bail fait par le Seigneur au Domanier à certain tems non encore expiré, auquel cas le Congément ne peut être fait avant l'expirement du terme porté par le bail.

Ou que l'homme appellé au congément maintienne que l'héritage lui appartienne en propriété *pour l'avoir reçu par inféodation, auquel cas le Seigneur ne peut prétendre & exercer que les devoirs accoutumés en fief & contenus dans l'investiture.*

La preuve du titre de fief & propriété incombe au détenteur qui la doit faire par titres *ou autrement que par la possession,* à coule que le titre de convenant ou Domaine congéable étant général & universel dans le canton, le Seigneur est relevé de preuves & a la présomption pour lui jusques à ce que le contraire soit prouvé.

Texte de l'Elixir.

2. Le Seigneur peut congédier, c'est-à-dire, expulser le Domanier, quand il lui plaît, en lui payant ses édifices & superfices, à moins qu'il n'y ait entr'eux un bail à certain tems ; dans ce cas, le Seigneur ne peut congédier le Domanier, avant que le laps de tems du bail soit écoulé.

Le Seigneur ne peut pas encore congédier le Domanier, si celui-ci maintient que le fonds, l'espace & la tenue, lui appartient en propriété, comme les édifices & superfices.

Mais, c'est au Domanier à prouver par titres, qu'il a acquis cette propriété, le droit de Convenant ou Domaine congéable étant général & universel dans cet Usement, le Seigneur est dispensé de preuve, il a la présomption pour lui, jusqu'à ce que le contraire soit prouvé par le Domanier.

Cet article a souffert plusieurs altérations dans la version. Le texte accorde au Domanier la jouissance de ses stucs & engrais après le congément. Cet avantage pour le Colon est supprimé dans la version.

Le texte met en opposition la tenure convenantiere & l'inféodation. Si le détenteur prétend être propriétaire & tenir en fief, il ne peut être congédié ;

mais il doit juſtifier de ſon inféodation, parce qu'étant chargé d'une preſtation annuelle ; il eſt préſumé jouir à titre précaire, juſqu'à ce qu'il établiſſe ſa propriété. A ces idées préciſes, l'Auteur de l'*Elixir* en ſubſtitue d'obſcures. Il ne peut y avoir de congément, ſi le Domanier, dit-il, maintient que le fonds, l'eſpace & la tenue lui appartiennent.

N'eſt-ce pas vouloir embrouiller une idée claire, afin d'inſinuer que le Colon eſt propriétaire de la ſuperficie productive ? Mais le texte n'en dit rien. Loin d'identifier le Domaine congéable avec le fief, il les repréſente comme contraires l'un à l'autre, parce que le vaſſal a la pleine propriété de la choſe concédée en fief ; le Domanier n'a que la jouiſſance temporaire du fonds acconvenancé & de la ſuperficie, & il eſt engagiſte des édifices & ſuperfices.

Texte véritable.	Texte de l'*Elixir.*
Si la repriſe ou renouvellement des baux eſt néceſſaire pour empêcher la preſcription au profit du Détenteur pour longue poſſeſſion.	*3. Le Domanier ne peut, par aucun laps de tems, preſcrire la propriété de ſes édifices, & neanmoins ſa baillée finie, il eſt obligé de renouveller ſa baillée, ſi le Seigneur le requiert, ce qu'il peut faire, quand bon lui ſemble.*
III. Il n'y a point de néceſſité au Seigneur de renouveller les baillées, ni à l'homme de faire de repriſe, ſi ce n'eſt que le Seigneur l'en requiert, ce qu'il peut faire quand bon lui ſemble, après le bail expiré, ou faire bail à un autre & le ſubroger à faire le rembourſement.	
Les deux Turbes de VANNES diſent que l'homme ne peut preſcrire par aucun tems la propriété de la tenue, ſoit par longue poſſeſſion ou ceſſation de renovation de bail ou reconnoiſſance, d'autant que l'Uſement univerſel conſerve le droit du Seigneur.	
La Turbe d'Auray limite que la poſſeſſion ſexagénaire jointe au dé-	

*...... nouvel ou reconnoif-
.... pendant tout ce tems, met la
préfomption du côté de l'homme Domanier, & rejette fur le Seigneur
la néceffité de prouver par acte la
nature de la tenue avant les foixan-
te ans, auquel cas la poffeffion intermédiaire ne nuit point au Seigneur ;*
transfert folum onus probandi in
eum , eoque non probante reus
abfolvitur.

L'Auteur de l'Elixir a fupprimé la difpofition qui accorde au Foncier la faculté de *faire bail à un autre & de le fubroger à faire le remboursement*, afin de faire croire que le Colon eft tenu indifpenfablement de renouveller fon bail, lorfqu'il en eft requis.

Ce n'eft point le fens de l'article. Le Colon peut refufer de renouveller fon bail ; & tout ce que peut faire le Foncier, c'eft, de le congédier, ou le faire congédier par un nouveau Domanier qu'il fubroge dans fes droits.

Les deux Turbes de Vannes difent que le Domanier ne peut prefcrire la propriété de *la tenue* par aucun tems ; ni par la ceffation des renouvellemens de baillées.

La Turbe d'Auray dit que fi durant 60 ans il n'y a eu aucune rénovation, alors c'eft au Foncier de prouver quelle étoit la nature de la tenue avant ce temps ; & s'il juftifie que c'étoit un Domaine congéable, la poffeffion intermédiaire ne lui nuit point.

Au lieu du *fonds de la tenue* dont le texte fait mention, l'Auteur de l'*Elixir* y fubftitue les *édifices & fuperficies* dont il n'eft pas queftion, & que le Domanier n'a pas befoin de prefcrire, puifque fon bail à convenant lui en affure la propriété réfoluble.

La faculté de confentir une nouvelle baillée lors-

de l'expiration de la précédente ne peut être contestée
sans injustice au Foncier. Quand un bail à ferme finit,
le Propriétaire n'est-il pas le maître d'en consentir
un autre ? Aucune loi ne l'oblige à laisser jouir le
Fermier par tacite reconduction, & sur le pied du
précédent bail.

Il en est de même du Foncier. Le Colon profite de
l'accroissement du prix des denrées : pourquoi le Propriétaire du fonds ne participeroit-il point à cet avantage, soit en recevant un pot-de-vin, soit en augmen-
tant son revenu ? Lui interdire le renouvellement de
bail, ce seroit rendre sa propriété nulle & stérile dans
sa main.

Texte véritable.
Par quelles prestations se prouve la tenue à Domaine congéable ?

IV. Lorsque les Détenteurs roturiers payent rentes par deniers, bled, avoine, chapons, poules & corvées, & suivent le moulin du Seigneur, ils sont censés Domaniers congéables, s'ils ne prouvent le contraire par titres seulement.

La Turbe d'Auray limite les termes, rente par argent ou bled, *par ceux qui suivent*, proportionnée au prix raisonnable & commun d'un Convenant, *eu égard aux anciens Convenans du Pays.*

Texte de l'Elixir.
4. *Lorsque les Détenteurs roturiers payent rentes par argent, bled, volaille ou corvée, ou suivent le moulin du Seigneur, ils sont censés Domaniers congéables, s'ils ne prouvent le contraire par titres, & non autrement.*

L'Auteur de l'Elixir a substitué finement à ces mots du texte, ET *suivent le moulin du Seigneur*, la disjonctive OU, pour faire croire que la suite du moulin fait seule présumer le Domaine congéable. Cette idée n'est pas exacte. Il faut une prestation annuelle pour faire présumer la tenure convenantiere ; & la suite de moulin n'étoit qu'une obligation très-accidentelle.

Cette préfomption de la tenure à Domaine congéable n'eft point une preuve de féodalité.

Que l'Auteur de l'*Elixir* prenne la peine de jetter un coup d'œil fur les articles 1er & 3 de l'Ufement de Léon & de Daoulas, il y verra que dans ce pays la fimple ferme de neuf ans eft univerfelle, & que tout cultivateur, qui paye une rente annuelle, ne peut s'attribuer aucun droit fur la terre dont il eft détenteur, à moins qu'il n'ait un titre particulier, parce qu'il eft préfumé en jouir comme fimple Fermier.

Une telle préfomption n'eft point un figne de féodalité dans une fimple ferme. Elle n'a donc pas plus d'effet pour le Domaine congéable.

Mais on ne peut être lié par la convention de fon voifin, dit l'Auteur de l'*Elixir*.

Ce n'eft pas de la convention du voifin que naît la préfomption, mais du payement d'une preftation annuelle. Celui qui l'acquitte eft réputé tenir à convenant dans les Ufemens de Cornoailles & Brouerec, & à fimple ferme dans celui de Léon & Daqulas, parce que la tenure convenantiere eft le titre ordinaire dans les deux premiers Ufemens, & celui de la fimple ferme dans le troifiéme.

Il eft jufte qu'une détention qui a des caracteres pareils à ceux des autres foit cenfée leur être femblable, jufqu'à la preuve contraire ; d'autant mieux que la rente convenantiere, & encore plus le fermage, font fupérieurs à la fimple rente féodale ou cens ; & que la rente à convenant eft compofée de diverfes preftations.

Les Fermiers de la Principauté de Léon font affujettis, par l'article 6 de l'Ufement qui les régit, aux mêmes corvées que les Domaniers de Cornoailles. Peut-on dire qu'elles font un figne caractériftique de la féodalité, lorfqu'elles font dues par des Fermiers qui jouiffent en vertu de fimples baux de neuf ans ?

Texte véritable.

Si par l'une de ces preftations, le Convenant eft prouvé ?

V. Le Seigneur étant en poffeffion de l'une, ou chacune de telles rentes & preftations, a la préfomption pour lui, que c'eft fon Domaine Congéable, & c'eft au Détenteur à prouver le contraire par acte.

La Turbe d'Auray limite, comme ci-devant, qu'une feule efpéce defdites rentes fuffit, fi elle eft proportionnée au prix commun d'un ancien convenant.

Quelle doit être la quantité de la preftation du Convenant ?

VI. Il n'eft pas néceffaire qu'elle équipole au revenu de l'héritage prétendu congéable, le Seigneur faifant fa condition, comme il peut ou comme il lui plaît, ET Y AYANT PLUSIEURS TENUES AUDIT TERROIR, DONT LES DÉTENTEURS PAYENT DE PETITES SOMMES DE DENIERS OU AUTRES LÉGERES PRESTATIONS, QUOIQUE LES TENUES SOIENT DE TRÈS-GRAND REVENU.

Quelle différence il y a entre les termes Rente & Convenant ?

VII. RENTE, eft un terme général qui fignifie toutes fortes de preftations annuelles, foit à titre de fief, de cenfive, d'engage & autres qui n'emportent point de foi la propriété au profit de celui auquel elle eft payée ; & le terme CONVENANT, fignifie proprement la preftation due en Domaine Congéable.

Texte de l'Elixir.

5, 6 & 7. L'une de ces rentes ou preftations fuffit, & la plus petite quotité, la plus légere preftation fuffit encore.

Le Seigneur faifant fa condition, comme il peut ou comme il lui plaît.

C'eft le Texte pur.

S'Il eft dit dans l'article 6 que le Seigneur fait fa condition comme il peut, ou comme il lui plaît, &

qu'il n'est pas nécessaire que la rente convenantiere équipolle au revenu de l'héritage prétendu congéable, qu'y a-t-il en cela d'extraordinaire ? Le Propriétaire qui afferme son bien, fait sa condition la meilleure qu'il peut, ou comme il lui plaît ; il préfere le Fermier qui lui offre un plus haut prix, ou celui en qui il a le plus de confiance.

Le surplus de l'article 6 a été impitoyablement rayé dans la version de l'auteur de l'*Elixir*, parce qu'il y est dit qu'il y a des tenues de très grand revenu, dont les détenteurs ne payent que de petites sommes d'argent, ou de très légères prestations. En même temps que cette phrase détermine le véritable sens des mots *comme il lui plaît*, elle prouve que les Domaniers gagnent beaucoup à la tenure con-venantiere.

L'article 7 différentie le fermage convenantier des rentes dues à tous autres titres qui n'emportent point la propriété au profit de ceux à qui elles sont payées. Il prouve que la propriété du fonds donné à convé-nant reste dans les mains du Propriétaire, tandis que le Seigneur de fief & le bailleur à rente fonciere se font expropriés des terres par eux concédées. Cet ar-ticle a été supprimé en entier par l'auteur de l'*Elixir*.

VIII. *Si dans le terroir de Brouerec, il n'y a d'autres rentes que de Convenant ?*

Dans la paroisse d'Arzal, & même ailleurs, dans tout le territoire de l'ancien Comté de Vannes, il y a, & peut y avoir autres rentes que de Convenant congéable ; savoir, féodales, censives & foncières, ainsi qu'il plaît aux Seigneurs qui concèdent le fonds & qui en ont le droit.

Pourquoi cet article est-il supprimé dans la version ? C'est qu'il fait voir que la convention est la base de toute concession de terre, & qu'il y a une différence essentielle entre les rentes convenantieres, & les rentes féodales, cenfives & foncières.

Texte véritable.	*Texte de l'Elixir.*
IX. *Si les maifons des Villes & Bourgades font préfumées tenues à titre de convenant?*	9. *Les maifons fifes dans les Villes & Bourgades au territoire de Brouerec ne font point préfumées tenues*
Les maifons fifes dans les villes & bourgades du terroir de Brouerec, ne font point préfumées tenues à domaine congéable; mais la propriété en eft cenfée appartenir à ceux qui les poffédent, & les preftations qu'ils payent, réputées d'autre nature que de convenant.	*à Domaine congéable, mais la propriété en eft cenfée appartenir à ceux qui les poffédent, & les preftations qu'ils paient font réputées d'autre nature que de convenant.*

Le plus haut période d'exactitude pour l'auteur de l'*Elixir*, lorfqu'il rapporte la totalité d'un Ufement eft de donner un feul article littéralement conforme au texte, & c'eft le dernier pour lequel il a cette prédilection. Les deux rédactions des Ufemens de Cornoailles & de Brouerec en font foi.

On a déja obfervé que fi le Domaine congéable eft préfumé dans les campagnes, c'eft, parce qu'ayant favorifé les défrichemens & la culture, il s'y eft propagé & eft devenu en certains cantons la tenure la plus ufitée. Ce motif ceffant pour les villes, il n'a pu y faire les mêmes progrès.

L'auteur de l'*Elixir* a extrait du fupplément de l'Ufement de Brouerec ce qui concerne les corvées; il a affecté de paffer fous filence les adouciffemens que l'ufage y a apportés, foit pour la nourriture des hommes & des bêtes d'attelage, foit pour d'autres foulagemens.

Beaucoup de ces corvées ne font point exigées, le très-grand nombre des propriétaires fonciers n'habitant point la campagne, & ne faifant valoir aucun bien par main.

ANALYSE DU SUPPLÉMENT DE L'USEMENT DE BROUEREC PAR GATECHAIR.

Ce supplément commence par la définition du Domaine congéable.

Le Convenant en Domaine congéable est une espéce de contrat emphitéotique, par lequel les Seigneurs *ont excité les Laboureurs à entreprendre les défrichemens & cultures*, en laissant la jouissance du fonds, à charge de certaines presta-tions annuelles, avec faculté d'y faire certaines améliorations, dont ils ne peuvent être expulsés qu'en leur remboursant le prix de ce qu'elles se trouveront valoir lors du congément...

Les améliorations que fait le détenteur, sont appellées *Edifices & Superfices*.

Le *Bailleur* s'appelle *Seigneur foncier*.

Ainsi dans l'Usement de Brouerec, comme dans tous les autres, le bail à convenant n'est qu'une ferme.

En Bretagne, on entend par *contrat emphitéotique*, un bail au dessus de neuf ans, & l'*emphitéote* est le fermier.

On ne doit pas confondre ce contrat avec l'em-phitéose perpétuelle usitée dans les pays de droit écrit, laquelle est la même chose que dans les pays coutumiers *l'accensement*, appellé en Bretagne *fiage* ou *afféagement*. Le bail à convenant, & le contrat emphitéotique n'ont aucun rapport avec ce genre de tenure.

Le Seigneur foncier, sous Brouerec, n'a point, en vertu de ce seul titre de Convenant, de jurisdiction ni Justice civile ou criminelle sur son Domanier, ni droit de le contraindre à suivre sa Justice, ni lods & ventes, rachat & semblables...... Le Domanier est néanmoins tenu de suivre le moulin dudit Seigneur foncier, & de déclarer dans les reconnoissances;....... l'obligation à la Cour du Seigneur, ce qui ne s'entend que d'une obligation de respect.

En cas de congément, le remboursement des droits réparatoires se fait par prisage d'Experts.

Les droits réparatoires, au respect du Domanier détenteur,
sont réputés immeubles : .... mais au respect du Seigneur,
ils ne tiennent lieu que de meubles.

Le Seigneur, après le bail expiré, peut en congédiant
réunir les édifices à la propriété, ou faire nouveau bail au
même homme, ou à un autre, & peut, ou rembourser lui-
même ou subroger le nouveau preneur à faire le remboursement en son lieu.....

Le Domanier peut aussi transporter ses droits réparatoires à
un tiers qui demeure soumis au même congément, & les
lignagers n'ont point de prémesse ou retrait en cas de congément.

Les prisage & remboursement se font aux frais du Seigneur, & la revue aux dépens de celui qui la demande.

Le Domanier ne peut, sans permission expresse du Seigneur, faire aucuns nouveaux bâtimens, ni par la réfec-
tion ou réparation des anciens, en changer l'état,
la forme & les dimensions, ni pareillement des fossés &
clôtures des terres, ni planter bois fruitiers (1); & en cas
de contravention, le Seigneur a l'option, dans 40 ans, de
l'obliger précisément à démolir telles innovations, par l'estimation desquelles le Seigneur seroit grevé en cas de congément, ou de prendre, s'il veut s'en contenter, lettres de
reconnoissance & de non préjudice, qu'en cas de congément,
lesdites innovations ne seront comptées, & n'entreront au
prisage.

Le surplus du supplément de l'Usement de Brouerec concerne l'estimation des droits réparatoires, en
cas de congément; la faculté de congédier y est re-
fusée au tuteur & au curateur, ainsi qu'à la Donai-
riere, à moins qu'elle n'ait le consentement du
Propriétaire. (2)

---

(1) L'Usage est contraire à cette décision. Le Colon peut planter
des arbres fruitiers qui entrent en prisage lors du Congément.

(2) M. *Baudouin* dans ses *Institutions Convenantieres*, tome 1.er, pag.
86, Note *a*, relevé une erreur qui s'est glissée dans l'édition du supplément dont il s'agit; donné à la fin de la petite coutume de *Sauvagetin*

ABRÉGÉ DE L'USEMENT DE TREGUIER ET COMTÉ DE GOELLO, RÉDIGÉ PAR DE ROSMAR.

Cet Usement étant très-long & l'Auteur de l'*Elixir* n'en ayant rapporté que trois articles, on se contentera de donner un abrégé sommaire de la plûpart des autres.

Texte véritable.	*Texte de l'Elixir.*
ART. Ier. En l'Evêché de Tre-guier & Comté de Gouello & aux environs de Lanvolon & Paimpol qui sont en l'Evêché de S. Brieuc, les *Fermiers* ou Colons jouissent ou par métairie à moitié, ou par simples fermes, comme ailléurs en la Province, mais la tenue la plus ordinaire est celle à convenant ou Domaine congéable.	ART. Ier. Dans cet Usement les Colons jouissent ou par métairie à moitié ou par simple ferme comme ailleurs en la Province, mais la tenue la plus ordinaire est celle à Convenant ou Domaine congéable.

L'expression *Fermiers* a été supprimée dans la version de l'Auteur de l'*Elixir*, parce qu'elle se rapporte au Domaine congéable, comme à la métairie à moitié ou à la simple ferme, toutes ces conventions n'étant véritablement que des contrats de louage.

La partie de l'Evêché de Saint-Brieuc où le De-

« Les mémoires de *Gatechair* portent, « au privilage des droits Convenan-« tiers n'entrent les chênes, fresnes, fouteaux & ormeaux qui appar-« tiennent au Seigneur, & pour cela sont appelés bois fonciers, fors que « les *émondes des chênes* plantés sur les fossés de la tenue qui sont écou-« ronnés, & n'ont pris vent, c'est-a-dire, dont le tronc n'a été élevé « à de terre ou fossés de plus de dix pieds.

Au lieu des *émondes des chênes*, on a mis dans l'édition de Sauva-geau à *l'exception des chênes émondables plantés sur les fossés*. Ce changement pouroit faire croire que le tronc des chênes émondables appartient au Domanier. Il est au contraire certain dans l'usement de Brouerec, comme dans les autres, que le tronc des chênes émondables appartient au foncier. Cette régle a été observée de tout temps. Il n'y a que les souches des bois taillis qui appartiennent aux Domaniers.

maine congéable eft admis, eft paffée fous filence, afin de perfuader qu'il n'a point lieu dans ce Diocèfe.

Texte véritable.	Texte de l'*Elixir.*
II. Le Domaine congéable eft un droit, titre ou contrat, par lequel le Convenantier ou Domanier devient propriétaire à perpétuité des maifons & fuperfices en fa tenue, *qui font les maifons, foffés & bois puinais, arbres fruitiers, defquelles chofes ils peuvent difpofer à leur volonté, comme auffi des émondes des chênes feulement, fans les abattre; mais quant aux rabines & bois de décoration non accoutumés d'être émondés, ils n'en jouiffent, ni difpofent, pas même lorfqu'ils tombent par impétuofité de vents; fi leur bail ne le porte.*	2. *Le Domaine-congéable eft un droit, titre ou contrat, par lequel le Convenancier ou Domanier devient propriétaire à perpétuité des maifons & fuperfices de fa tenue.*

Cet article prouve, felon l'Auteur de l'*Elixir*, que le Domaine Congéable n'eft point une fimple ferme.

Faudra-t-il donc répéter à chaque page que le bail à convenant renferme une vente, ou plutôt un Engagement des édifices & fuperfices au Colon, & un bail à ferme du fonds de la tenue.

A la fin de ce bail, le Propriétaire peut congédier le Domanier, en lui rembourfant la valeur de fes édifices & fuperfices. Donc la réfolution de la vente ou de l'Engagement eft fubordonnée à l'expiration de la ferme. Donc celle-ci eft la convention prédominante. Donc la conceffion à Domaine Congéable eft un bail à ferme, puifque c'eft la principale convention qu'elle contient.

Quoique *Rofmar* & quelques Auteurs, ayent dit, d'après *d'Argentré*, que le Convenantier devient Propriétaire

priétaire à perpétuité des maisons & superfices, ces
expressions, critiquées par d'autres Auteurs, paroissent
manquer d'exactitude. Il suffit, a dit *d'Argentré*, que
la concession puisse être perpétuelle *habitu*, quoiqu'il
arrive qu'elle ne le soit pas *actu*, à cause de l'incer-
titude de la résolution du contrat.

Cette idée ne convient point à la nature du bail à
convenant. Ou bien il fixe un tems pour la jouissance du Colon, ou il n'en indique aucun.

Au premier cas, comment peut-on dire que le
Colon devient Propriétaire à perpétuité des édifices
& superfices, lorsque l'acte même qui lui en consent
l'Engagement porte qu'il pourra en être évincé à
l'expiration d'un tems convenu.

Dans le second cas, c'est-à-dire, s'il n'y a pas
de terme fixé, ce qui est très-rare, au moins dans
les Usémens de Cornoailles & Brouerec, la concef-
sion est censée faite pour neuf ans. (1) Puisque la
résolution de la vente des édifices & superfices peut
être demandée, lorsque ce tems est écoulé, comment
peut-on dire que le Colon devient Propriétaire à perpétuité des édifices & superfices ? Le tems de son
éviction peut être incertain, mais l'éviction elle-
même est certaine ; tôt ou tard elle se réalise.

III. La cause de l'établissement d'un Convenant, est quand
le propriétaire d'une maison & terres à la campagne, a besoin
d'argent, qu'il veut s'assurer les rentes d'une terre éloignée
& se décharger des réparations. Il donne alors sa maison
& terres à Domaine congéable, à la charge d'une certaine
rente annuelle & des corvées ordinaires, sauf le droit du
foncier de congédier le Colon, en le remboursant de ses
droits convenantiers, à dire d'Experts, dont l'estimation est
aux frais du propriétaire.

---

(1) *Institutions Convénantieres*, tome 1.er, page 121 & suivantes.
Grande Coutume de du Paris Poullain, tome 2, page 482. *Belordeau*
Gatechair &c.

D

Cet article indique la cause des acconvenancemens actuels ; mais ce n'étoit pas celle des baux à convenant primitifs qui avoient pour objet le défrichement des terres incultes de la partie occidentale de l'Armorique, & qui l'ont opéré.

Cette vérité est contestée par l'Auteur de l'*Elixir* ; il la traite de fable. Mais elle est prouvée par les témoignages de *Gatechair*, qui, dans le supplément de l'Usement de Brouerec, dit que par le bail à convenant les Propriétaires *ont excité les Laboureurs à entreprendre les défrichemens & cultures* ; de *M. de Perchambault*, sur l'article 541 de la Coutume de Bretagne (1) ; de *du Parc-Poullain*, dans son troisiéme tome des *Principes du Droit François*, de M. *Baudouin* dans ses *Institutions convenantieres.*, tom. 1er, en divers endroits, &c.

IV. Entre le Fermier & le Colon, le Domaine congéable est meuble ; entre tous autres, il est immeuble, sans être sujet à payer ni lods & ventes, ni rachat, en cas de vente ou lors du décès du Colon.

En général tous les édifices bâtis sur le sol d'autrui sont meubles, & le propriétaire du fonds a la faculté de les retenir, en payant leur valeur, lorsqu'ils ont été construits avec son agrément.

Outre les exemples qu'on a cités au soutien de cette regle, il y a celui des *Cateux secs*, espéce de biens connue en Artois & dans quelques autres Coutumes de la Flandre.

---

(1) « L'Origine des Domaines Congéables, dit M. de Perchambault, » est qu'il y avoit en basse Bretagne *beaucoup de terres en landes & en » bois, incultes & sans habitans*, que les Seigneurs donnerent à divers » particuliers, à la charge de certaines rentes. Mais *la propriété ne leur » en étoit pas transportée comme en cas de fief* : au contraire, on ajoutoit » une condition expresse qu'on pourroit les congédier, c'est-à-dire re- » prendre les mêmes terres, en leur rémboursant la valeur des bâtimens » des fossés, & des arbres fruitiers dont ils auroient fait l'augmentation.

(51)

Ces Cateux fecs font les moulins, les granges, les étables, & autres bâtimens femblables deftinés à l'exploitation des terres. Ils font réputés meubles à tous égards & à tous effets. Comme tels ils appartiennent à l'héritier des meubles. Mais l'héritier patrimonial peut les retenir, en payant à l'héritier mobiliaire leur valeur, qui fe doit eftimer, comme fi le tout étoit démoli & en un monceau. C'eft la difpofition de l'art. 147 de la Coutume d'Artois.

Le Domanier eft traité plus favorablement que l'héritier des Cateux fecs. Celui-ci ne reçoit que le prix des matériaux ; le Colon eft remboursé de la vraie valeur de fes édifices.

V. Le Propriétaire peut faire vendre les édifices & fuperfices par fimples bannies, faute de paiement des arrérages de la rente. Il peut avoir la préférence, en la demandant lors de l'adjudication, & en comptant le prix dans la huitaine, fauf à fe faire payer de fon dû par préférence aux autres créanciers ; fans quoi il ne peut qu'exercer le congément contre l'adjudicataire.

Cet article permet indéfiniment au Propriétaire, qui n'eft pas payé des arrérages du fermage convenantier, de faire vendre par fimples bannies les édifices & fuperfices du Colon. Comme ils font purement mobiliers refpectivement au Foncier & les gages naturels des preftations, il doit lui être auffi libre de les faire vendre, qu'il l'eft au propriétaire d'une ferme de faire faifir-exécuter & vendre les meubles de fon Fermier, ou même de faire faifir réellement & décréter fes immeubles, faute de payement d'un terme de fermage.

Par quel motif voudroit-on maintenant interdire au Propriétaire foncier le droit de faire vendre les édifices & fuperfices du Colon, à moins qu'il ne lui fût dû deux années d'arrérages de la redevance ?

Il faudroit donc qu'au mépris de la clause par laquelle le Foncier avoit stipulé que son fermage lui seroit payé chaque année, en un ou plusieurs termes, il restât deux ans sans recevoir son revenu ; car le Colon ne manqueroit pas de profiter de ce délai, s'il pouvoit le faire impunément Ce seroit détruire les conventions , & refuser au Foncier l'exercice des voyes de droit qui appartiennent à tout créancier légitime.

Si l'abolition du retrait paroît devoir faire priver le Foncier de la préférence que lui accordoit l'article V, lors de l'adjudication des droits réparatoires, au moins doit-il lui être permis de se rendre adjudicataire, s'il offre plus que les autres enchérisseurs. Il seroit inoui de l'obliger d'avoir pendant neuf ans un nouveau Domanier qu'il ne pourroit congédier , & avec lequel il n'eût point contracté, s'il avoit été libre.

VI. Ce qui reste du prix des édifices , les rentes dues au propriétaire étant payées , se partage entre les héritiers, comme les autres immeubles, après avoir levé & assis le douaire de la veuve: « Car, est-il dit, comme LES COLONS ONT LE
» DROIT A BON MARCHÉ ET SOUVENT A VIL PRIX, &
» que par leurs soins les terres & maisons s'augmentent de
» valeur, il y a d'ordinaire du profit & des rentes de reste ,
» après le propriétaire payé, joint que *par leurs baux conve-*
» *nantiers* ILS SE CHARGENT DE MOINS DE RENTES
» QU'ILS PEUVENT, suivant les conventions volontaires, &
» les deniers qu'ils baillent à cet effet ».

Cet article rend un témoignage non suspect de l'avantage & du gain que les Colons retirent du bail à convenant.

VII. Les créanciers des Domaniers peuvent arrêter les fruits des terres, ou saisir réellement les droits réparatoires.

Si les créanciers du Colon sont obligés de faire

faifir réellement fes droits réparatoires, c'eft à raifon de l'immobilité fictive qu'ils ont à l'égard de toute perfonne autre que le Foncier.

VIII. *Le mari qui donne à Domaine congéable les terres & maifons de fa femme, lui en doit récompenfe.*

Il n'eft pas étonnant que le mari qui acconvenance les terres & maifons de fa femme lui en doive récompenfe. L'acconvenancement opère une diminution réelle dans les biens de la femme, fur-tout par rapport aux maifons. Quoiqu'elle conferve là propriété tant du fonds de fes maifons que des terres, elle ne peut néanmoins recouvrer le plein domaine, qu'elle avoit avant le bail à convenant, qu'en rembourfant une fomme plus ou moins confidérable : c'eft en cela que confifte l'aliénation dont le mari doit récompenfe.

IX. *Le Colon qui aliéne les droits réparatoires de fa femme, en doit récompenfe.*

Cette difpofition eft l'effet de l'ufage qui a confervé la mobilité des droits réparatoires entre le Foncier & le Colon, & qui les a rendu fictivement immeubles entre le Domanier & toutes autres perfonnes.

<table>
<tr><td>

Texte véritable.

X. Quoique les droits convenantiers foient le propre immeuble des Colons, ils ne doivent aveux ni hommages, ventes ni rachats au Seigneur du fief, mais paient les rentes feigneuriales à la décharge du PROPRIÉTAIRE ET FONCIER ; comme pareillement les tailles ordinaires & extraordinaires, mais doivent les Convenantiers & Colons donner déclaration notarifée à chaque Mutation de Seigneur Propriétaire, par tenans

</td><td>

Texte de l'Elixir.

10. Sauf le droit du propriétaire de congédier fon Vaffal & Convenantier toutes-fois & quantes en le rembourfant.

</td></tr>
</table>

& aboutiffans , pour empêcher le changement des chofes & la nature de la rente , d'autant que cette forme de tenue reffemble de près au contrat de cens , quant à la prefcription des rentes ; mais différente, en ce que le cens tranfporte la propriété du fonds , fe réfervant le Bailleur ou Vendeur une rente annuelle, & par le contrat de convenant congéable il vend les fuperfices feulement, fe réfervant la propriété du fonds avec une rente, le droit d'expulfer ou congédier le Colon toutes fois & quantes que bon lui femblera , le rembourfant à dire de Prifeurs , aux frais du Propriétaire du fonds.

Cet article différencie très-clairement le Domaine Congéable du fief & de la rente fonciére. Auffi l'Auteur de l'Elixir en a retranché plus des neuf dixiémes, comme incompatibles avec fon fyftême que cet article détruit totalement.

Il ne s'eft pas contenté de cette étrange mutilation. Dans le peu de mots qu'il a rapportés ; il a fubftitué adroitement le terme *Vaffal* qui n'eft point dans le texte au mot *Colon*. C'eft-là une preuve non équivoque de droiture & de loyauté.

XI. La forme du congément eft de faire affigner le Colon pour voir donner acte au Propriétaire de ce qu'il entend congédier, & pour nommer des Experts pour l'eftimation de fes droits réparatoires. L'action étant donnée , le Foncier ne peut fe rétracter : le Colon n'eft obligé de fortir qu'après avoir été rembourfé.

Tout eft en faveur du Domanier. On eût pu, fans injuftice, réduire fon rembourfement à la même fomme qu'il avoit payée lors de fon entrée dans la tenue. Cependant on lui accorde le prix de fes édifices &

(55)

fuperfices, fuivant leur véritable valeur lors du congément, telle qu'elle eft eftimée par des Experts.

Si le Foncier a intenté l'action du congément, il
ne peut plus revenir fur fes pas.

Enfin le Domanier ne peut être obligé de quitter
la tenue qu'après qu'il a été entiérement défintéreffé
par un rembourfement effectif.

Peut-on regarder comme barbares, comme nui-
fibles au Colon, des loix qui le favorifent en tout ?

XII. Les deniers du rembourfement fait par le Propriétaire
font meubles & tombent dans la communauté du Colon, qui
n'eft point tenu de les employer en fonds. Mais s'il a vendu
les droits réparatoires à un autre qu'au Propriétaire foncier,
il doit faire emploi du prix, & il y a lieu au retrait lignager,
& non au retrait féodal.

La première propofition de cet article eft com-
battue par *M. Baudouin* qui la regarde comme une
fource d'avantages indirects entre les deux conjoints.

La fin de l'article écarte encore du Domaine
Congéable toute idée de féodalité, puifque dans les
cas même où il y avoit lieu au retrait lignager des
droits réparatoires, le retrait féodal ne pouvoit être
exercé.

XIII. « Le propriétaire, eft-il dit, qui a des Convenan-
» tiers fous l'étendue de fon fief, & dans la banlieue de fon
» moulin, les peut obliger de fuivre fa cour & fon moulin,
» mais s'ils font Etagers & demeurans dans le fief d'un autre
» Seigneur, ils fuivront fon moulin & plaideront par fa cour, car
» il n'eft pas befoin d'avoir fief & jurifdiction pour avoir des
» Convenantiers Congéables, comme plufieurs croient fauf-
» fement, il fuffit d'avoir terre & maifon à la campagne, foit
» Noble ou Roturiére. . . . . . . Les maifons des villes ne fe
» donnent à Convenant. »

Cet article eft fi clair qu'il n'a pas befoin de
commentaire; il réfute toutes les allégations de l'Auteur de l'*Elixir*, fur le fief & fur la fuite du Moulin, & de la jurifdiction du Foncier.

D 4

XIV. Les Convenántiers s'approprient, s'ils acquièrent d'un autre que du Propriétaire du fonds ; mais ils n'ont pas besoin de le faire, s'ils achetent de ce Propriétaire. Celui-ci n'est point obligé de s'approprier, quand il réunit les droits réparatoires à la propriété. Il peut céder le droit de Congément, même à un Etranger, sans qu'il y ait lieu au retrait lignager, parce qu'à son égard, les droits réparatoires sont mobiliers.

Les appropriemens, dont il est parlé dans cet article, sont une formalité autorisée par la coutume de Bretagne, pour purger les hypothéques ; ils ont le même effet que les lettres de ratification dans les autres parties du Royaume.

XV. « Les Convenantiers peuvent bien bâtir fur les anciens
» fondemens & mazures, pourvu qu'ils ne bâtissent avec trop
» de somptuosité, comme de bâtir de pierre de taille &
» couvrir d'ardoise, qu'ils ne fassent plusieurs étages, *mais*
» *ne peuvent bâtir de neuf & fur nouveaux fondemens, sans le*
» *consentement du Seigneur foncier*, lequel peut, avant l'ac-
» complissement & couverture du bâtiment neuf, demander
» le démolissement, & après perfection d'œuvre, faire dire,
» qu'en cas qu'il vienne ou ses héritiers à congédier le Conve-
» nantier, que l'édifice sera estimé comme pierre en mon-
» ceau, & bois fur bout, sans façon, & ce dans les six ans de
» la perfection de l'œuvre, suivant l'article 392 de la Cou-
» tume générale de cette Province. »

L'article, d'accord avec les autres Usemens, & conformément aux principes du droit & de la raison, prohibe au Colon de construire aucun nouveau bâtiment fur la tenue, sans la permission du Foncier.

Le Droit prononce qu'on ne peut bâtir fur le fonds d'autrui qu'avec le consentement du Propriétaire ; que tout édifice fait fur son sol, sans sa permission, lui appartient, & qu'il n'est tenu à aucun remboursement.

La raison dicte que celui qui édifie fur un fonds fait un acte de propriété ; cet acte est donc interdit à quiconque n'est pas propriétaire du fonds. Il y

roit contradiction de reconnoître que la propriété est entre les mains du Foncier, & de décider que,
malgré lui, le Domanier peut élever de nouveaux
bâtimens fur la tenue, en lui impofant feulement
l'obligation de faire conftater préalablement l'utilité
de ces conftructions par des experts.

Cette innovation altéreroit l'effence même du Domaine congéable, & détruiroit également les loix
& les conventions.

En effet la faculté de congédier le Colon, en lui
rembourfant fes édifices & fuperfices, forme la fub-
ftance du bail à convenant. Cette faculté ne feroit-
elle pas rendue illufoire par la permiffion de faire
des édifices infructueux, qui n'augmenteroient point
le revenu de la tenue, mais qui aggraveroient beaucoup la condition du congédiant ? Ce feroit placer
le Propriétaire foncier dans la pofition d'un débiteur,
qui, après avoir emprunté une fomme à titre de
conftitution au denier 20, feroit forcé de rembourfer le capital au denier 30 : aucune loi ne s'eft encore
fouillée d'une injuftice auffi criante.

Les Ufemens (1) rappellés dans tous les baux &
baillées, & les conventions confignées dans ces actes
interdifent univoquement au Colon la licence de
conftruire de nouveaux bâtimens fans l'agrément du
Propriétaire.

La propriété de ce dernier ne feroit-elle pas vio-
lée, fi, contre fon gré, on le chargeoit d'une répétition coûteufe, lorfqu'il a ftipulé expreffément que
le Colon ne pourroit conftruire des édifices, que
quand il le lui permettroit.

Ainfi les conventions, les loix, la nature même

---

(1) *Cornoailles*, art. 9. Supplément de *Brouerec*. Tréguier & Goello,
art. 15.

du regime convenantier résistent à la reforme étrange que l'on propose.

Des considérations ultérieures prouvent qu'il n'y auroit rien de plus impolitique, de moins utile, de plus pernicieux dans la pratique.

Il est extrêmement impolitique de diriger vers des constructions qui ne produisent rien les vues du Colon qui n'y est que trop porté, soit par l'ambition d'étaler aux yeux de ses voisins une maison plus belle & mieux ornée que les leurs, soit pour rendre difficile ou impossible son congément. N'est-il pas plus utile de tourner toutes ses idées vers l'amélioration de ses terres ? C'est dans les canaux qui les fertilisent qu'il faut en quelque sorte concentrer & faire couler ses fonds.

Si pour atteindre ce but quelqu'édifice nouveau lui est nécessaire, comme l'intérêt du Foncier est la bonification de son Domaine, il ne refuse jamais, dans ces cas, la permission d'élever cet édifice. Mais l'autorité publique ne doit pas, elle ne peut licitement s'interposer dans des matieres de pure convention.

Ainsi le Fermier, ainsi le Locataire qui ont vu & accepté les lieux, ne seroient pas écoutés dans la demande tardive qu'ils formeroient d'édifices plus grands que ceux qui leur ont été affermés.

Ainsi le conducteur qui fait des embellissemens & de nouvelles constructions non autorisées par son bailleur n'en obtient aucune répétition.

Mais le droit dont on voudroit investir le Domanier, & qu'il faudroit bientôt étendre à tous les possesseurs précaires, ce droit lui deviendroit parfaitement inutile, dans le cas où la réciprocité seroit admise.

Dans cette hypothèse, si le Colon se déplaisoit dans sa tenue, parce qu'il n'auroit pas obtenu la faculté de faire une construction, il pourroit se retirer en exigeant le prix de ses superfices. Rien ne l'attacheroit à la jouissance de la tenue.

Ne seroit-ce pas la plus monstrueuse contradiction de permettre à ce Colon de sortir à l'expiration du bail, & de l'autoriser à couvrir la tenue de bâtimens qui cesseroient de lui servir peu de temps après leur construction, & que son successeur trouveroit inutiles, lorsqu'il voudroit acheter les édifices & superfices? L'accumulation des deux facultés de bâtir & de provoquer le congément, dont on veut gratifier le Domanier, romproit donc totalement l'égalité qui fait le principal prétexte des réformes réclamées pour les Convenantiers.

Vainement pour atténuer l'injustice de cette proposition, la tempere-t-on par la nécessité d'un rapport d'Experts destiné à constater préalablement l'utilité des innovations. Ce tempérament même acheveroit de rendre la réforme projettée absolument pernicieuse dans la pratique.

Il place en effet dans les mains du Colon l'arme la plus terrible; il lui confère le droit de susciter à sa fantaisie des procès au Propriétaire. Il est si facile de supposer, de persuader même que tel édifice seroit très-utile dans la tenue. Le Foncier a si peu de moyens de prouver le contraire & de vérifier le vuide des vues, même imaginaires, du Colon !

S'agit-il du logement de celui-ci ? Un arrangement affecté dans ses meubles fera facilement croire que la maison est trop petite.

Est-il question de ses bestiaux ? Un achat extraordinaire, ou même un emprunt, vont démontrer en apparence qu'il manque des étables suffisantes pour les soigner commodément.

Le Foncier sera constamment victime de ses demandes répétées. S'il ose les contredire, il se verra

en but à des procès , des descentes , des rapports
d'Experts , en un mot aux procédures les plus difpen-
dieufes qui lui rendroient fa tenue plus nuifible que
profitable.

Que feroit-ce fi l'on permettoit au Colon de conftruire tous les édifices qu'il prétendroit être nécef-
-ceffaires *pour lui & fa famille , pour fa commodité , pour
les marchandifes de fon commerce & les uftenfiles de fa
profeffion* ?

S'il lui plaifoit d'établir une Manufacture , il pour-
-roit donc conftruire tous les édifices néceffaires à fon
exploitation & fe les faire rembourfer , lors de fon
congément , par le Propriétaire auquel ils feroient
parfaitement inutiles.

Pour achever d'écrafer le Foncier , il ne manqueroit que d'autorifer , comme on le propofe , le Domanier à exploiter les carrieres ouvertes fur la tenue.
A ce moyen il fe formeroit une branche de commerce
des pierres qu'il tireroit du fein de la terre ; il rendroit nulle la valeur du fonds que le Propriétaire
s'eft retenu , & il le forceroit , lors du congément ,
de lui rembourfer le prix de fes propres pierres.

Un plan auffi injufte & auffi oppreffif pour le Foncier peut-il être admis ?

Le changement des matériaux employés à la conf-
truction des bâtimens de la tenue eft une fuite de ce
fyftême d'oppreffion.

La pierre ordinaire fert à faire des conftructions
très-folides. Ce n'eft pas affez ; il faut que le Domanier puiffe fe fervir d'une efpéce de *granit* , appellé en
Bretagne *pierre de grain* , qui ne fe trouve que dans
quelques lieux , & qui eft ailleurs d'une très-grande
cherté.

On conftruit avec du moëlon des cheminées fures
& qui durent long-tems. Pour augmenter la dépenfe,

on y employera la brique, qui monte à un plus haut prix.

Les couvertures d'ardoises sont très-dispendieuses en plusieurs endroits éloignés des carrières d'où on les tire. Par ce motif, on veut permettre au Colon de couvrir ses batimens en ardoises.

Il pourra même, continue-t-on, élever les planchers & les charpentes des bâtimens malgré le Propriétaire. Pourquoi ne pas lui donner aussi ledroit de démolir tous les édifices de sa tenue, & de les remplacer par des Palais, s'il peut subvenir à cette dépense ?

C'est ainsi que quand on s'est écarté une premiére fois des régles de la justice, les atteintes contre la propriété se multiplient, & qu'on parvient au point de la rendre illusoire en feignant de la conserver.

Deux motifs pourroient seuls mériter quelque considération ; la santé des Domaniers, & la conservation de leurs grains.

Les bâtimens qu'ils habitent sont salubres, puisqu'on y éleve les plus robustes des hommes, & que beaucoup d'entr'eux parviennent à un âge très-avancé. Ces bâtimens sont semblables à ceux où demeurent les Fermiers de la Haute-Bretagne, & ils sont beaucoup mieux entretenus : le changement des portes ou des fenêtres n'ajouteroit rien à la salubrité de ces demeures.

Quant aux grains, depuis douze ou treize siécles, les Domaniers conservent leurs récoltes dans les bâtimens de leurs tenues. Pourquoi auroient-ils tout-à-coup besoin de granges & de hangars dont ils se sont passés jusqu'ici.

Au reste il est possible de concilier tous les intérêts. Qu'ils pratiquent des hangars amovibles qui puissent être enlevés à la fin de leur jouissance, si le Foncier ne veut pas les rembourser, il n'y aura plus alors de difficulté. Mais s'il s'agit de bâtimens vastes & coûteux, on doit reconnoître la sagesse & la justice de l'art. XV qui défend aux Colons d'en construire de neufs sans le consentement du Foncier.

XVI. Le Propriétaire peut abattre les bois fonciers, en dédommageant le Domanier : il ne peut faire abattre les arbres fruitiers, lesquels appartiennent au Colon, ainsi que les émondes des chênes & les bois puinais.

Le dédommagement, dont il est question dans cet article, concerne les dégradations qui pourroient être faites aux fossés & clôtures, en abattant les bois fonciers.

Tous les Usemens attribuent les arbres de cette espéce au Propriétaire. Lorsqu'il accorde la jouissance de son fonds à un particulier qui n'y avoit aucun droit, il dépend de lui de circonscrire cette jouissance dans des bornes plus ou moins étroites.

Il peut donner à son Fermier une portion dans les bois, ou la lui refuser ; lui accorder une certaine espéce d'arbres, & lui interdire la disposition des autres.

Les Fonciers n'ont jamais accordé aux Colons que les arbres fruitiers & les *bois puinais* ou *mort bois*. Tous les autres arbres, de quelqu'espéce qu'ils soient, ont été réservés aux Propriétaires, & les Domaniers ne les ont point achetés ; ils jouissent seulement des émondes des arbres émondables.

Il ne faut pas croire que les arbres fonciers, qui sont sur les tenues, doivent leur existance à la culture & aux soins des Colons. Ce sont les Fonciers qui ont fourni les plants, ou bien ce sont des rejettons d'anciennes souches, ou, ce qui est beaucoup plus rare, quelques uns sont provenus de graines ou de fruits que la nature seule a fait fructifier. Dans tous les cas, les Colons n'ont contribué en rien à élever ces arbres ; tout leur mérite est de ne les avoir pas coupés.

Si, comme on le propose, on leur accordoit la moitié ou une portion quelconque dans les arbres, il ne faut pas croire que les Domaniers s'appliquassent à en planter & à les faire fructifier. Ils vexeroient les Propriétaires afin de faire abattre promptement les arbres existans, & profiter de leur prix, & ils n'en planteroient point d'autres.

Les terres tenues à Domaine Congéable sont beaucoup mieux plantées que celles à héritages qui en sont voisines. La presqu'Isle de Rhuis, couverte de bois sous le régime convenantier, en est présentement tout-à-fait dénuée.

Si les campagnes voisines de quelques Villes, comme *Rennes*, *Vitré*, *Fougères*, sont bien garnies d'arbres, c'est parce qu'elles appartiennent, pour la plus grande partie, à des Citadins, qui ont soin de faire planter des arbres de temps en temps, & qui veillent à ce que leurs Fermiers n'en abattent point, ou du moins un très-petit nombre.

L'expérience apprend qu'on trouve très-peu d'arbres sur les terres appartenantes à des Cultivateurs ; presque tous s'empressent de jouir, & ne se mettent point en peine de planter.

Enfin, l'indivision des bois fonciers entre le Propriétaire & le Domanier seroit un germe fécond de contestations, parce que tel est l'effet de la société ou de la communauté. Et quelle Communauté que celle où le Propriétaire foncier fourniroit la terre, qui est tout en cette partie, & où le Colon, sans achat, sans titre, sans travail, profiteroit de la moitié des bois fonciers, & auroit en outre hors part les arbres fruitiers ?

Ce seroit évidemment dépouiller le Foncier de la moitié de sa propriété.

XVII. Les corvées ne fe payent en argent qu'en cas de refus & de conteftation ; elles font d'aider à fanner & charreyer le foin, les vins, les bois de provifion & l'ardoife, en hourriffant les hommes & leurs harnois (1). Elles font dues, fi la tenue eft quelque peu confidérable ; mais le Foncier doit les faire faire en fon befoin, fans pouvoir les apprécier.

Lorfque la tenue n'eft pas confidérable, il n'eft point dû de corvées : le plus fouvent, quand elles font dues, elles ne font point exigées.

XVIII. Les héritiers du Colon partagent fes droits réparatoires ; mais ils ne peuvent divifer la rente due au Foncier qui peut agir folidairement contre chacun d'eux.

L'indivifibilité de la rente n'empêche point le partage des droits réparatoires ; mais ce partage ne peut auffi opérer la divifion de la rente due folidairement par tous les héritiers du détenteur.

XIX. La poffeffion de quarante ans fait préfumer que la terre eft tenue à Domaine Congéable, s'il y a preuve de la continuation de la rente, fans en connoître la nature.

La prátique & l'ufage font contraires à cet article. La tenure convenantiere n'eft point préfumée dans l'Ufement de Treguier & de Goello ; elle doit être juftifiée par un titre, quelque modique qu'en foit l'objet. *Inftitutions convenantieres*, tom. 1er. pag. 51.

XX. Les Colons trouvant leurs rentes exceffives, peuvent déguerpir, en le faifant dire en Juftice, payant les arrérages échus & fourniffant déclaration des terres & maifons déguerpies.

Cette difpofition eft femblable à celle des articles 21 & 22 de l'Ufement de Cornoailles. On peut confulter les obfervations faites fur ces deux articles.

XXI. Les trempes, pailles, ftus, engrais & genêts fur pied

---

(1) On défigne fous ce nom les bêtes d'attelage.

au-delà

au-delà d'un an, font eftimés au profit des Colons en cas de congément.

Voyez l'article 26 de l'Ufement de Cornoailles.

XXII. Les prééminences de l'Eglife, tombes, enfeux, fuies & garennes ne font cenfés donnés à Domaine Congéable, s'il n'y a titre formel & fpécifique.

Voyez l'article 28 de l'Ufement de Cornoailles.

XXIII, XXIV, XXV & XXVI.

Il feroit inutile de faire l'analyfe de ces articles.

Les deux premiers regardoient les partages entre Nobles des droits fonciers & des droits convenantiers.

L'article 25 concernoit le préciput accordé à l'aîné roturier fur les droits convenantiers.

Ces articles font devenus inutiles d'après les Décrets de l'Affemblée Nationale, qui ont aboli le droit d'aîneffe & les partages nobles.

L'article 26 traite de la conformité & des différences qui exiftent entre les Ufemens de Treguier & Goello, & de Cornoailles.

On eft en état maintenant d'apprécier l'exactitude, la bonne foi & la véracité de l'Auteur de l'*Elixir*. Le texte entier des Ufemens de Cornoailles & de Brouerec vient d'être rapporté. Sa verfion a été mife en paralléle ; il fe trouve *DEUX ARTICLES littéralement conformes à ceux du texte*, un dans chaque Ufement ; quelques autres, en petite quantité, ne font pas fort différens ; mais le plus grand nombre eft altéré, tronqué, mutilé, dénaturé, défiguré , & dans des difpofitions effentielles.

L'Auteur du Mémoire fur les Domaines Congéables avoit dit à la page 15 que parmi les articles de l'Ufement de Cornoailles, tranfcrits dans l'*Elixir*, il n'y

E

en avoit pas deux qui fussent dans les mêmes termes que ceux du texte.

L'Auteur de l'*Elixir* a crié à l'imposture & au mensonge. A la page 18 de mon *Elixir*, a-t-il dit, j'ai rapporté cinq articles ; le second & le cinquième sont conformes au texte.

Quel est l'Usement transcrit à la page 18 de l'*Elixir* ? C'est celui de *Rohan*.

Quel est celui dont il est question à la page 15 du Mémoire sur les Domaines Congéables ? C'est l'Usement de *Cornoailles*. L'Auteur de l'*Elixir* ne se justifie donc qu'en substituant un Usement à un autre. La *finesse* ou la *supercherie* (pour se servir de ses expressions) est d'autant plus manifeste qu'à la page 7 du Mémoire sur les Domaines Congéables, l'Auteur avoit déclaré qu'il ne parleroit point de l'Usement de Rohan : ainsi les reproches contenus à la page 15, ne pouvoient regarder cet Usement.

S'il étoit question d'examiner les altérations que l'Auteur de l'*Elixir* a commises sur l'Usement de *Rohan*, on observeroit que sur *trente-cinq* articles dont cet Usement est composé, il n'en a donné que *quinze*, & qu'il a écarté les *vingt* autres.

A l'article 1ᵉʳ., au lieu du mot *superfices*, il a mis adroitement SUPERFICIES, afin de faire croire que la superficie productive appartient au Colon.

L'article 3 est altéré en ce qu'on en a retranché l'exception introduite en faveur des freres & sœurs du dernier né, qui sont à servir & à apprendre métier hors de la tenue, lors du décès de leur frere, & qui sont admis à lui succéder.

La version supprime de l'article 8 la disposition qui met les frais du prisage, lors du congément, à la charge du Foncier.

L'article 19 porte que *les tenues ne se peuvent diviser sans le consentement du Seigneur foncier & du tenancier*. L'Auteur de l'*Elixir* ne parle point du consenſſſſſſſſſ du tenancier , & ſuppoſe qu'il y a dans l'article que *les tenues ne peuvent ſe diviſer ſans le conſentement du Seigneur* QUI N'Y CONSENT JAMAIS. Ces dernieres expreſſions n'exiſtent ni ne peuvent exiſter dans l'Uſement.

En rapportant l'article 20 , ſeul, & iſolé de l'article 11, il diſſimule que , quand il y a plus de tenues que d'enfans, il ſe fait entr'eux un nouveau choix dans le même ordre que le premier.

Sur l'article 28, on ne voit point dans la verſion, que l'acquéreur de la tenue vendue par le Domanier qui a des enfans , peut faire ratifier ſon acquiſition par le Foncier, en lui payant un devoir de conſentement équipollent aux lods & ventes.

On pourroit relever encore d'autres changemens faits dans la verſion de l'Uſement de Rohan ; mais comme on ne traite point ce qui regarde cet Uſement , on ſe contente de ceux qui viennent d'être indiqués. Ils prouvent que l'auteur de l'*Elixir* ne s'eſt piqué d'exactitude dans aucune de ſes citations.

Il a voulu , dit-il , traduire en ſtile intelligible des loix auſſi barbarement écrites , qu'elles ſont barbares dans leurs diſpoſitions.

Le texte entier des Uſemens de *Cornoailles* , & *Brouxrec* , & l'abrégé des articles de celui de *Tréguier & Goëllo* , ſont ſous les yeux des lecteurs. Ils peuvent juger s'il y a la moindre trace de barbarie dans leur ſtile, ou dans leurs diſpoſitions.

Si l'on en écarte quelques répétitions & de vieilles expreſſions qui ne doivent pas ſurprendre dans des loix agées de plus de deux ſiécles , elles ſont plus claires que la rédaction de l'auteur de l'*Elixir*, & que la Coutume générale de la ci-devant Bretagne.

Qui a jamais entendu parler de traduire en françois des loix écrites en un françois très-intelligible ?

Quand on cite une loi, on ne doit point ſe permettre de rien changer au texte. Telle expreſſion qu'on retranche, comme inutile, eût été jugée importante par un autre ; celle qu'on met en ſa place peut être ſuſceptible d'un autre ſens. Celui qui ſe donne la licence de ſubſtituer ſes idées à celles de la loi, afin de ſe ménager les moyens de la critiquer, mérite le reproche de l'avoir altérée, pour la calomnier.

Nouvelles Observations.

La lecture des Uſemens de Cornoailles, Brouerec, & Tréguier & Goello, doit diſſiper toutes les idées de ſervitude & de féodalité que l'auteur de l'*Elixir* veut faire trouver dans le régime convenantier.

Son ſyſtême eſt appuyé ſur une baſe défectueuſe. Il prétend que la féodalité eſt la loi de la force impoſée par les ci-devant Seigneurs aux Vaſſaux ou Cenſitaires ; que le Domaine congéable a eu la même origine ; que les prédéceſſeurs des Propriétaires fonciers ſont venus, il y a mille ans, le ſabre à la main ; qu'ils ſe ſont fait abandonner la propriété des fonds ; qu'ils n'ont laiſſé aux Domaniers que les édifices & ſuperfices ; que cette détention étant plus dure que la féodalité, elle eſt une demie ſervitude, & que le Domaine congéable eſt un droit ſupraféodal.

L'auteur de l'*Elixir* appelle une vérité morale cette chaîne de ſuppoſitions.

Des faits ne peuvent s'établir ni par des raiſonnemens ni par des ſyſtêmes qu'enfante une imagination exaltée. Ils doivent être juſtifiés par des temoignages autenthiques. L'auteur de l'*Elixir* ne peut pas en citer un ſeul qui prouve que la tenure à Domaine congéable doit ſon origine à la force & à la violence.

Il cite un fragment de l'hiſtoire de Bretagne par *Dom Lobineau*, tome 1er, page 72. Ce fragment prouve ſeulement que cet hiſtorien n'étoit pas verſé dans la ſcience du droit, & qu'il ne connoiſſoit point la nature du Domaine congéable.

En effet il fuppofe que le Seigneur peut ôter aux détenteurs les terres qu'ils poffédent *à titre d'héritage*. Rien de plus inexact, puifque celui qui poffède à titre d'héritage eft un propriétaire incommutable, qu'aucun Seigneur n'a jamais pu dépofféder.

Le même hiftorien fixe l'origine du Domaine congéable environ le neuviéme fiécle.

Mais il attefte lui même que fon exiftence eft juftifiée par des Canons antérieurs au neuviéme fiécle. Du Parc Poullain & M. Baudouin prouvent que cette convention a commencé d'être en vigueur dès le quatriéme ou le cinquiéme fiécle.

Il n'y a donc aucune preuve, ni même aucun adminicule au foutien du fyftême de l'Auteur de l'*Elixir*.

Les Propriétaires fonciers des Domaines congéables ont au contraire en leur faveur une jouiffance paifible de douze ou treize fiécles. Une poffeffion auffi ancienne eft toujours préfumée avoir eu une fource pure & légitime. C'eft de tous les titres le plus refpectable, & elle ne peut jamais être regardée comme l'effet de la force & de la violence.

Mais à ce titre irréfragable fe joignent des preuves hiftoriques, defquelles il réfulte que le Domaine congéable s'eft établi par des conventions libres, lorfque les habitans de la Grande-Bretagne fe réfugierent dans l'Armorique au 4e & au 5e fiécles.

Dom Lobineau, tome 1er, livre 1er, page 5, dit lui-même que *la baffe Bretagne étoit en partie fans habitans, & que les Bretons s'y établirent tranquillement*.

L'Auteur des notes fur l'Hiftoire de Bretagne, inférées dans le tome 1er de l'Hiftoire de *Dom Morice*, note 20, page 900, raconte que les Bretons ne s'établirent dans l'Armorique *qu'avec le confentement des habitans du pays*. Il s'appuie de l'autorité de *Gildas le Sage* & du *Venerable Bede*.

Les Domaines congéables s'étant formés à cette

époque, il est évident qu'ils ont été l'effet de conventions libres ; que la force & la violence n'y ont point
eu de part ; qu'il n'y a eu ni conquête, ni conqué-
rans ; que les Fonciers sont les représentans des anciens
Propriétaires, des Naturels de l'Armorique qui ont
donné leurs terres à cultiver, en s'en réservant la propriété, & que les Domaniers remplacent les Bretons
émigrans qui vinrent chercher un asile dans l'Armorique (1).

Ainsi s'écroule le système imaginé par l'Auteur de
l'*Elixir* sur la prétendue loi de force à laquelle, selon
lui, le Domaine congéable doit sa naissance. Ce n'est
qu'une supposition dénuée de preuves, & contredite
par les monumens historiques.

Le Domaine congéable n'offre pas la moindre trace
de servitude. Le Colon est libre dans sa personne,
dans ses actions, dans ses biens ; la liberté d'aucun
individu ne peut être plus étendue.

Si la question étoit jugée d'après les regles ordi-

---

(1) Lorsqu'on a dit que les Propriétaires fonciers ont une
possession de douze ou treize siécles, on compte depuis
l'origine du bail à convenant : mais, dans un aussi long espace
de tems, il y a eu une infinité de mutations. Le très-grand
nombre des baux actuellement subsistans est récent, & les
terres qui en sont l'objet étoient des métairies que les Propriétaires ont converties en tenues.

Ainsi, quoique les Domaniers remplacent les Bretons émigrans pour la culture des tenues, c'est une absurdité de vouloir
les faire considérer comme les mêmes personnes. Les Domaniers actuels jouissent en vertu de baux connus. Ces titres,
passés dans des tems où la force ne pouvoit rien, leur sont
particuliers : ils n'ont d'autres droits que ceux qui y sont contenus.

On ne peut donc identifier les Domaniers actuels avec les
premiers Colons dont ils sont séparés par un intervalle de plusieurs siécles, & desquels ils n'ont point reçu les tenues qu'ils
exploitent.

naires, dit l'Auteur de l'*Elixir*, la prétention des Domaniers ne réuffiroit point. Mais les Légiflateurs d'une grande Nation qui fe régénère doivent fe déterminer par d'autres principes ; ils peuvent ôter aux Fonciers leurs propriétés, de la même manière qu'ils ont dépouillé les Seigneurs de Fiefs de la leur.

Cette objection eft injurieufe à l'Affemblée Nationale qui a toujours voulu que les propriétés des citoyens fuffent refpectées & qui en a fait une Loi expreffe.

Il n'y a de folide que ce qui eft jufte. Veut-on affermir la Conftitution ? Que fes fondemens repofent fur la juftice. Elle ne pourroit fe foutenir long-temps, fi elle étoit affife fur les débris des propriétés des citoyens. La fomme des malheurs particuliers ne peut opérer le bonheur général.

Ce ne feroit pas au bien public que feroit facrifiée la propriété des Fonciers.

Lorfqu'on prend un terrein pour ouvrir une grande route, c'eft à l'avantage général que ce terrein eft confacré. Si la propriété des Domaines congéables étoit tranfmife aux Colons, leur utilité particulière feroit feule favorifée ; le Public n'y gagneroit rien.

Les Seigneurs de fiefs & les Propriétaires des fonds baillés à rentes fonciéres s'étoient expropriés des terres par eux concédées. Ils s'étoient réfervé des rentes. L'Affemblée Nationale les a déclarées rachetables en faveur des Propriétaires des fonds. Par quelle fatalité un Décret rendu à l'avantage des Propriétaires pourroit-il être interprété contre ceux des Domaines congéables ?

Mon plan, dit encore l'Auteur de l'*Elixir*, concilie les intérêts de tout le monde. S'il dépouille les Fonciers de leur propriété, il les enrichit par l'indemnité qu'il leur donne.

Toutes les rentes convenantieres, les bois fontiers ou de décoration, les nouveautés & tous les profits convenantiers quelconques, accidentels ou naturels, ordinaires ou extraordinaires, font déclarés remboursables. Ainſi j'accorde aux Fonciers le remboursement de tout ce qu'ils peuvent prétendre.

On pourroit d'abord demander à l'Auteur de l'*Elixir* de quel droit il veut forcer une claſſe nombreuſe de Citoyens à céder leurs propriétés fonciéres, même pour de l'argent.

Veut-il leur enlever leurs biens, parce qu'ils ne les cultivent pas eux-mêmes ? Il faut donc dépouiller pareillement tous les Propriétaires qui donnent leurs biens à ferme.

Cependant tel individu qui ne cultive pas aujourd'hui ſon fonds, peut l'exploiter demain ; pourquoi donc le priver de ſa propriété :

2º. Loin que tous les objets remboursables ſoient compris dans les offres de remboursement, l'objet capital & eſſentiel eſt omis ; le remboursement du fonds de la tenue.

Et qu'on ne diſe pas que le rachat de la rente convenantiere comprend celui du fonds. Ce ſont deux choſes ſi eſſentiellement différentes, qu'un Arrêt célébre du 4 Juin 1740, & pluſieurs autres conformes, ont décidé que la vente de la totalité ou d'une partie de la rente convenantiere ne contenoit point celle du fonds, lorſque le tranſport n'en étoit point exprimé dans le Contrat de vente.

Ainſi le remboursement du fermage convenantier ne rendroit point le Colon propriétaire du fonds de la tenue.

3º. Si la propriété de la tenue étoit acquiſe au Domanier par le rachat du fermage, plus un Propriétaire auroit été doux & humain envers ſon Colon, moins il ſeroit indemniſé de la perte de ſon fonds,

pour

pour lequel il n'auroit exigé que le fermage le plus
modique.

4°. Le projet de l'Auteur de l'*Elixir* déclare rembourſables *les bois fonciers ou de décoration.* C'eſt une
équivoque imaginée pour réduire le Foncier aux ſeuls
bois de décoration. Cependant il eſt des tenues où
il y a 1500 à 3000 pieds d'arbres appartenans au
Propriétaire, plantés ſur les haies & foſſés. Ne ſeroit-
il pas ſouverainement injuſte de les donner aux Domaniers, qui n'y ont aucun droit, & qui n'ont rien
payé pour les avoir ?

5°. On veut qu'il exiſte la réciprocité la plus
exacte entre le Foncier & le Colon, relativement à
la ſortie de celui-ci à la fin du bail. Mais y auroit-il
de la réciprocité, quand on contraindroit le Propriétaire d'abandonner ſon fonds pour une rente ; quand
on accorderoit au Colon la faculté perpétuelle de ſe
libérer de cette rente à ſa commodité & quand il voudroit, & qu'on refuſeroit au Foncier le droit d'exiger
le payement du capital. Ce ſeroit exactement l'inverſe
de la convention. Le Colon s'étoit engagé à ſortir,
s'il étoit congédié, & à recevoir le rembourſement
de ſes édifices & ſuperfices, ſi le Foncier le lui offroit,
mais à ne pouvoir le provoquer. Au contraire, ce
ſeroit le Foncier qui ſeroit évincé du fonds, contraint
de recevoir le rembourſement quand il plairoit au
Domanier de le lui offrir, & il n'auroit point la faculté
de le pourſuivre.

6°. Y auroit-il de la juſtice à forcer un Citoyen de
recevoir une rente fixe à la place d'un fonds, une
rente invariable, au lieu d'un fermage ſuſceptible
d'augmentation ?

7°. Après avoir déclaré à l'article 15 que la rente
demeurera ſolidaire, nonobſtant la diviſion des tenues,
l'article 16 du projet de Décret fait par l'Auteur de
l'*Elixir*, permet à chaque co-détenteur de ſe libérer,

en payant un huitiéme au-delà du prix de fa portion.
La folidité eft donc détruite au même moment où le
Projet porte qu'elle ne fouffrira aucune atteinte.

Ainfi le plan de l'Auteur de l'*Elixir* feroit ruineux
pour le Propriétaire foncier, & ne préfente qu'un
fimulacre de rembourfement.

Quel feroit le fort de ce malheureux Propriétaire
fi les Dômaniers en ufoient comme plufieurs cenfi-
taires ? Ne pourroient-ils pas adopter la Loi dans la
partie qui leur feroit avantageufe, c'eft-à-dire dans
celle qui leur accorderoit la propriété des tenues,
& écarter l'autre difpofition qui leur prefcriroit de
payer le fermage convenantier jufqu'au rembourfement ?

Il ne feroit que trop à craindre que les Colons
s'empáraffent des tenues, qu'ils fiffent abattre les bois
pour les vendre à leur profit & qu'ils ne payaffent
aucune rente au propriétaire foncier, ni ne lui fiffent
aucun rembourfement. Ce n'eft point une terreur
panique : ce qui s'eft paffé jufqu'ici eft bien propre
à exciter les juftes craintes des propriétaires fonciers.

J'attaque la propriété, j'en conviens, dit l'Auteur de
l'*Elixir* dans la lettre qu'il a écrite aux Fonciers de
Vannes.

Cet aveu fuffit pour le juger. Il ne peut exifter de
fociété civile fans propriété particuliere. Quiconque
enléve à autrui fa propriété, viole le droit naturel
& porte à l'ordre focial l'atteinte la plus dangereufe.

Tous les propriétaires de France ont à trembler fur
l'événement de la tentative entreprife pour les Dômaniers de la ci-devant baffe-Bretagne. Si elle pouvoit
réuffir, il ne tarderoit pas d'y avoir un boulever-
fement général dans toutes les propriétés foncières.
Le défir de l'ufurpation eft un mal contagieux qui fe
propage rapidement. Des Colons il pafferoit aux
fermiers, & toutes les propriétés du Royaume fe

trouveroient dans peu envahies, au mépris des Loix par lesquelles l'Assemblée Nationale les a déclarées sacrées & inviolables. La raison, la justice, la nécessité de faire observer ses Décrets, tout doit la déterminer à maintenir la propriété des Fonciers & à réprimer l'attaque violente & inique qui leur est livrée.

F I N.